まえがき

　インターネットの普及により、個人投資家が営業マンのアドバイスなしで相場に取り組む機会が増えてきました。本書で取り上げる「外為市場」でも個人の方々が積極的に売買を行っています。

　まだインターネットでの売買に親しまれていない方々が、営業マンのアドバイスなしでの取引だと聞くと、何を拠りどころに売買していいのか不安に思うかもしれません。しかし、実はそのほうが安全に売買できるのです。なぜなら、相場を知っている営業マンなどほとんどいないからです。営業マンだけではありません。プロのディーラーやエコノミスト、評論家といわれる人たちでも、相場を知っている人はほんの一握りです。

　例えば、読者の中にプロの方がいたとして、次の質問に答えられるでしょうか？

【質問】

日本の貿易黒字が円高要因なのは周知の事実だと思います。では仮に、日本が貿易黒字であると同時にアメリカも貿易黒字の場合、ドル円相場では円高要因ですか？　それともドル高要因ですか？　日本の貿易が対米赤字でも、対アジア貿易が黒字なら、あるいはアメリカの貿易が対日赤字でも、対アメリカ大陸諸国との貿易が黒字なら、まったく実現性のない仮定ではないと思います

※答えをすぐにでも知りたい方は、本書後半【ドリル編】の問27、問28の解答と解説をご覧ください

こういうことを考えてもみなかった一般の方々は多いことと思います。しかし、人様に相場を解説するプロがそうであっては困ります。実は、この質問に答えられるかどうかで、その人の相場に関する基礎的な理解がわかるのです。加えて、そういった条件下でのトレードのアイデアを持っていてはじめて、その人は人前で相場を語る資格があるといえます。この質問は、実需と仮需といった市場での価格変動のキーポイントとなる要因を含んでいるからです。

　私は、１９９０年に東洋経済新報社から出版した『生き残りのディーリング』の旧版以来、ほかの３冊のすべてでも「価格変動の本質」について解説しています。しかし、これらの本にはほかのことも多く詰め込みすぎたせいでしょうか、肝心要の「価格変動の本質」を本当に理解してくれている読者が少ないのです。これがわからないと結局は相場の上っ面を撫でるだけに終わるでしょう。もっとも、儲けることだけにこだわるならば、何も知らなくても儲けることは可能です。価格の動きに逆らわねばいいのです。また、運さえよければ何事もうまくゆくものです。

　本書では相場を動かす２つの要因、実需と仮需について徹底的に解説しています。
　ひとことで述べるなら、実需がトレンドをつくり、仮需がボラティリティ（価格の振幅）をつくります。しかし、実際の売買でどれが実需か仮需かの区別をすることは難しいので、相場を動かす材料から**「実需を表す材料、仮需だけの材料」**と分類して解説しています。例えば仮需だけの材料ですと相場は「いってこい」となり、価格の振幅（ボラティリティ）だけがあってトレンドにはなりません。

これがわかれば、トレードのアイデアが湧くというものです。

　前半の【説明編】で価格変動の本質を理解していただいたら、後半の【ドリル編】で事例問題集にあたっていただきます。答えを見ずにまず自分で解いていただこうと思っていますので、解答と解説は次ページに載せるようにしました。これらはモデル問題と解答ですので、一通り解き終わりましたなら、今度は新聞やテレビで解説される「相場を動かす材料」から自分の相場観とトレードアイデアを組み立ててみてください。そして納得がいかないところがあれば、もう一度本書の【説明編】、あるいは【ドリル編】にて似たような材料を再確認してください。この作業の繰り返しであなたの相場力は確実にアップします。相場力がアップすると、自分に合った「相場つき」のときの儲けを大きくできるだけでなく、自分に合わない「相場つき」のときでも、なんとか凌げるようになるのです。

　相場でリスクを取るのは自分なのですから、自分で相場を判断する力をつけてください。あらかじめお断りしておきますが、本書は材料から相場観を組み立て、トレードにつなげるツールです。相場に踏み込んだ後の心構えや考え方、リスク管理などに関しては、拙著『実践・生き残りのディーリング』（パンローリング刊：http://www.geocities.com/dealers_web/bookshop ）をご参照ください。ご健闘をお祈りします。

目次

まえがき

外為市場の材料：その影響力の分析と対応パターン「説明編」………… 7

- 外為市場を動かす材料 …………………………………………………… 8
- 相場はどうして動くのか ………………………………………………… 12
- ポジションの保有期間と価格の関係 …………………………………… 25
- トレンドラインとポジションの保有期間 ……………………………… 29

外為市場の材料：その影響力の分析と対応パターン「ドリル編」……… 37

相場力アップ問題集　46

- 問 1 ・イスラエル軍がシリアに侵攻した。
- 問 2 ・Ｇ８でドル高容認発言がでた。
- 問 3 ・与党が選挙で大敗し、首相が引責辞任をした。
- 問 4 ・テロとの戦争が泥沼化し、米大統領選挙で現役大統領が敗退した。
- 問 5 ・日本のＧＤＰが予想以上の強さを見せた。
- 問 6 ・米国の雇用統計が改善した。
- 問 7 ・デフレ傾向の後、消費者物価指数が１０年来の伸びを見せた。
- 問 8 ・原油価格が高騰した。
- 問 9 ・金価格が高騰した。
- 問10・前日のアメリカ株が暴落した。
- 問11・米財政赤字が拡大した。
- 問12・日本国債の格付けが引き下げられた。
- 問13・日本株が底値を打った。
- 問14・某国の通貨が暴落し、４分の１の価値になった。
- 問15・ユーロが解体した。
- 問16・中国が人民元を切り上げた。
- 問17・アメリカが為替の取引を制限した。

問18・日本が為替の取引を制限した。
問19・アメリカの連銀議長が金利上げを示唆した。
問20・フェドファンド（ＦＦレート）が引き上げられた。
問21・銀行間のオーバーナイト貸出金利が引き上げられた。
問22・ＵＳトレジャリー１０年債が暴落した。
問23・日米金利差が拡大した。
問24・日本のマネーサプライが急増した。
問25・１カ月に１０兆円の円売りドル買い介入を行った。
問26・外貨準備高が急増している。
問27・ある年の日本の貿易黒字は１２兆円の黒字であった。
問28・アメリカの貿易赤字が拡大した。
問29・日本の旅行収支の赤字が過去最高を更新した。
問30・日本の経常黒字が拡大した。
問31・日本のコンピューターメーカーがインドに大きな工場をつくった。
問32・自動車メーカーの海外工場が収益を日本に送金した。
問33・外人が日本株投資を拡大している。
問34・ヘッジファンドがドル売り円買いポジションを膨らませている。
問35・ディーラーのポジションがドルショートに偏っている。
問36・ドル円の前の安値のすぐ下にオプションの行使価格があると聞いた。
問37・シカゴのポジションが円ロングに偏っている。

あとがき	135
用語集	137
おしらせ	146

外為市場の材料：その影響力の分析と対応パターン

説明編

■外為市場を動かす材料

【冒頭質問】

　しばらくドル安円高局面が続いたある日、アメリカの連銀議長がはじめて金融緩和政策路線からの転換を示唆しました。このことがドル円相場に与える影響を以下のグラフの升目に印をつけて示してください（ヒント：この材料では通常2段階の影響が考えられます）。

　グラフの縦軸はこの材料がドル円相場に与える影響力の大きさ、強さを表しています。1から3に向かうにつれて、その影響力が強くなります。

　グラフの横軸はこの材料がドル円相場に与える影響力の長さ、しつこさを表しています。紫から赤に向かうにつれて、その影響力が長く続きます。

　この質問に自分なりの答えが出ましたら、次ページ以下の【説明】を読みながら、自分の考えが正しいかどうかを確かめてください。解答はほかの多くの問題とともに、後半の【ドリル編】で扱います。

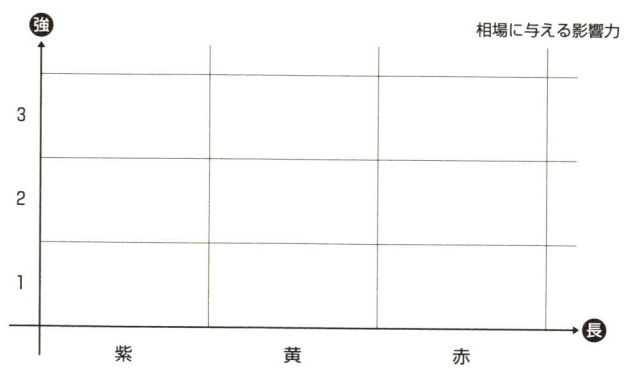

【説明編】

　毎日のニュースで為替レートの動きが伝えられます。「円が上がった」「円が下がった」。ニュースを聞いていると、為替レートはさまざまな理由で動いているようです。いったい為替レートを動かす要因はどれほどあるのでしょう。

　以下に為替レートを動かせる主な要因をいくつか並べてみましょう。

●**地政学的リスク**

　難しい言葉ですが、戦争やテロなどの危険が為替相場などに与え得るリスクです。戦争などによって損するところと得するところとがあると考えれば、わかりやすいかもしれません。アメリカが得するならドル高、日本が得するなら円高になります。

●**G8でのコメント**

　先進工業国8カ国の首脳や財務大臣が定期的に集まって会議をするときに出るコメントです。日本、アメリカ、イギリス、ドイツ、フランスだけだとG5。イタリア、カナダが加わるとG7。そこにロシアが加わってG8となります。このとき各国の財務大臣たちの発言（米ドルやそれぞれの通貨が強すぎる、弱すぎるなど）によって為替レートも動いてしまいます。

●**政策金利**

　日本の公定歩合やアメリカのフェドファンド金利（FFレート、フェデラルファンドレート）など、私たちがお金を貸し借りするときに取り決める金利の大元の基準になります。政策金利は金融機関向けの基準金利ですので、私たちが貸し借りすることはできません

が、金利が上がる下がるといった金利の先行きの方向を知ることができます。公定歩合が上がると、私たちが借りるローンの金利や、国債といった債券の金利も上がるのです。一般的には日本（円）の金利が上がると円の魅力が増し（割安になるという言い方もできます）、円が買われるといえます。

●ファンドやディーラーの動向

「誰が買っている」「誰が売っている」など、実際に為替を売り買いしている人たちが何をしているか、どう考えているのかを知るのも大切です。どんなに多くの材料や要因があっても、誰も売り買いしなければ相場は動かないといえます。（このことは後で振り返りますので覚えておいてください）

ほかにも多くの材料や要因がありますので、次の表にまとめてみました。

外為市場（ドル円）の材料

地政学的リスク	連銀議長のコメント	日本の貿易収支
G8でのコメント	政策金利	米国の貿易収支
政局（選挙）	短期（市中）金利	旅行収支
景気指標	長期（市場）金利	経常収支
インフレ指標	金利差	直接投資
財政収支	マネーサプライ	証券投資
債券格付け	市場介入	投資収支
株価	外貨準備高	
通貨危機		投資家動向
		ヘッジファンド動向
規制		ディーラー動向
		先物市場動向

注：米国の貿易収支や連銀議長のコメントは米ドルの材料です。ユーロ円やポンド円オージー（豪ドル）円といったクロス円を見る場合は、円の材料に加えてそれぞれの国の貿易収支や要人のコメントに変わります。

私が思いつくだけでもこれだけの材料や要因が為替相場を動かしています。こうして並べられた材料のなかで、**「どれが重要で、どれがそれほどでもないか」**を知りたいとは思いませんか？
　実は相場を動かす材料には瞬間的に大きな力を発揮する材料と、じっくりとボディブローを効かせてくるような材料があります。これらの材料が相場に与える力の大小、期間の長い短いを探るためには、まず**「相場がどうして動くのか」**を知る必要があります。このことを徹底的に理解していないと、さまざまな材料に振り回されて、結局は相場を見失ってしまいます。
　もちろん、相場を見失っても儲けることはできます。まえがきでも申し上げましたが、何も考えずに価格の動きについていけばいいのです。先輩ディーラーを見よう見まねで売り買いしているトレーニーでも儲けることはできます。しかし人間はいろいろと考えたい生き物らしく、何も考えずに儲け続けている人など見たことがありません。無念無想の境地にはなかなか到達することができないのです。それならば、徹底的に考え抜いて、相場を理解するところから始めたいものです。相場を理解したからといって儲けが保証されるわけではありませんが、相場力は確実についてきます。

　相場には「相場つき」といって、値動きの仕方にさまざまな癖があります。誰でも自分にあった「相場つき」なら儲けることができます。そして、相場力がつくと、自分に合った「相場つき」の儲けを増やせるだけでなく、自分に合わない「相場つき」でも、何とか凌げるようになります。
　お待たせしました。それでは、相場がどうして動くのかを理解するための質問をしましょう。

■相場はどうして動くのか

【質問】

　ある日の外為市場、債券市場、株式市場といった金融市場で1件の出合がありました。出合とは売りと買いとがそこで出合って、売買約定が成立したという意味です。ここにたったひとつだけ条件を与えて相場（為替レート、債券価格、株価など）を動かしてください。

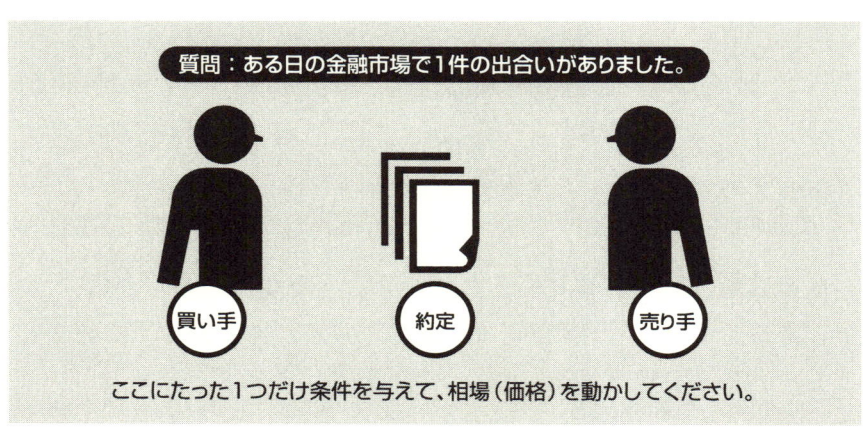

　さて、どうしたらいいのでしょうか。金融市場をドル円市場だけに絞り込んだとしても、10ページの表ではあれだけ多くの材料がありました。あのなかからたったひとつの条件を選び出せば良いのでしょうか？

　先ほどの材料を整理すると、政治的要因、要人のコメント、市場介入、金融政策、経済指標、通関統計、投資動向などに分類されます。これらすべてが為替相場を動かし得る材料だとすれば、これらに共通する、あるいは、これらの材料から導き出されるものに共通するひとつの性格に、何らかの条件を与えれば良いのではないでしょうか。

質問：ある日の金融市場で1件の出合いがありました。

買い手　　　　　約定　　　　　売り手

ここにたった1つだけ条件を与えて、相場（価格）を動かしてください。

政治的要因	要人のコメント	市場介入
金融政策	経済指標	通関統計
投資動向	意欲	踏ん張り

　最初にあげた"為替レートを動かせる主な要因"のなかに、「ファンドやディーラーの動向」（１０ページ）があったことを思い出してください。重要な点なので覚えておいてほしいと言っておいたものです。「どんなに多くの材料や要因があっても、誰も売り買いしなければ相場は動かない」と述べていたはずです。ここをよく考えると、材料の数や種類にかかわらず、誰かが売り買いしなければ動かないといった、共通の性格に行き当たることに気づくと思います。同じことを反対側から確認すると、何も材料がなくても、誰かが売り買いすれば相場は動く、といえると思います。こうして考えてみると、たったひとつの条件とは

「誰かの売り買い」に関することだ

とわかるでしょう。

１３ページの表には、先ほど材料として整理分類した「政治的要因、要人のコメント、市場介入、金融政策、経済指標、通関統計、投資動向」などに加えて「意欲と踏ん張り」が付け加えられています。買いたい人の意欲の強さに売りたい人の意欲が負ければ相場は上がるのではないか、買った人が踏ん張り続ければ相場は上がるのではないか、ということです。

　相場は多くの人がその魅力を認めなければ上がらない美人投票だという人もいますので、この「意欲」というのは説得力がありそうです。また、相場で売り買いしている人からは、「あそこで踏ん張ったので儲かった」などという言葉をよく聞きます。しかし、どんなに上がると思って買っても、売った人に負けて相場が下がることもあります。同様に、踏ん張り続けて破滅することもあります。

　この意欲や踏ん張り。意欲は前向き、踏ん張りは後ろ向きと一応区別できますが、「漠然としていてよくわからないなぁ」と思われている方もいることでしょう。もっとわかりやすく表現することはできないのでしょうか？

　少し例が古くなりますが、１９８０年代の半ばから後半にかけて、日本の投資家が米国債市場を席巻したことがあります。あるときの米国債の入札時に、日本勢の買いに売り向かったアメリカのプロの債券ディーラーたちの多くが大損して首を切られたのです。当時の日本の投資家はアメリカの国債市場に関しては素人に近かったにもかかわらず、アメリカの熟練ディーラーたちの首を飛ばしたのです。

　それまでの米国債の市場は、入札前には売られるものと相場が決まっていました。ですから、日本勢の大口の買いに売り向かったアメリカのディーラーたちは、入札前（政府による売却の前）にさら

に大きく売り浴びせ、相場を売り崩しにかかりました。

　米国債市場は何十年もの間、そういったディーラーによる入札前の売り浴びせで値崩れしてきました。

　ところが、日本勢はアメリカのディーラーたちの売り浴びせ以上に買い増ししてきました。当然、相場は急騰します。そのため、安いところから売りあがっていたディーラーたちの多くは大損してしまったのです。

　アメリカの熟練ディーラーたちが見誤ったのは、日本勢という新参者の投資行動でした。この例以外にも、ベテランが新参者の投資行動を理解できなくて、相場を見失い、退場させられるケースは数多くあります。こういったことすべての根底にあるのはたったひとつのことです。

それは、ポジションの取り方の違いなのです。

　先ほど出てきた<u>意欲の大小は「ポジションを大きくとったり、長く保有したり」</u>と言い換えることができます。踏ん張りは「より長くポジションを持ち続ける」という意味になります。抵抗線など売り物が予想されるところで大量に買って保有し続けると、相場がショートカバー（＝売建玉の買い戻し）で急騰することがあります。こういったこともポジションの取り方です。アメリカの熟練ディーラーたちは、相場を売り崩せば日本勢の投売りが出ると思っていました。ところが、実際の日本勢は売られても売られても買い続け、ついには発行残高以上に買ってしまったのです（注：日本の投資家は数十社あった米国債プライマリー・ディーラーのどこからでも買うことができます。一方、プライマリー・ディーラーは日本の投資

家だけではなく、国内の投資家やヨーロッパ、アジアの投資家にも販売します。そういった売り買いを合計すると、発行残高を大きく超えていましたので、一部の大口投資家に買いをキャンセルしてもらうことになりました。市場のルールには反しますが、米国債市場を守るためにSECがとった苦肉の策でした)。

さて、先の質問にお答えしましょう。相場を上げたい場合は

「買い手は売り手よりもポジションを長く保有する」

この条件ひとつだけでOKです。相場を下げたい場合は、

「売り手は買い手よりもポジションを長く保有する」

になります。

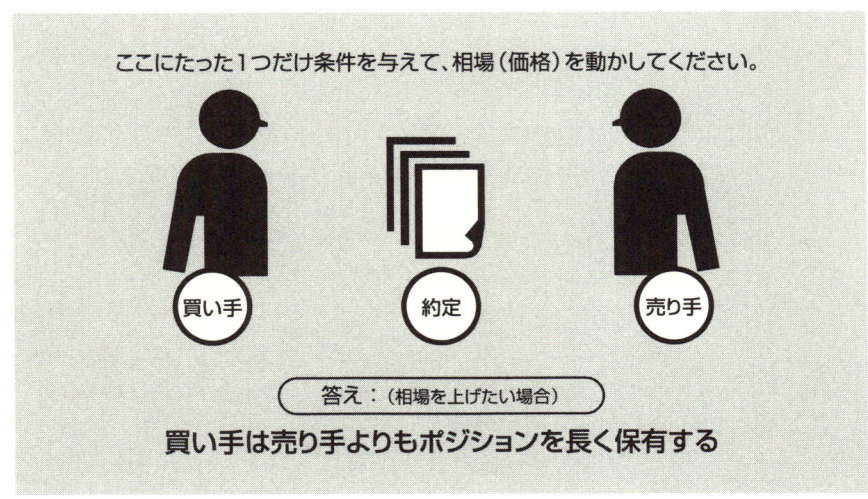

ここで少し話を発展させようと思います。買い手が売り手よりも

ポジションを長く保有することの例として「買い手はポジション（買い持ち）を1年間保有できる。売り手は翌日までの1日だけポジション（売り持ち）を保有できる」ことにします。条件を切実化させるために、これを売り持ち規制とし、守らねば罰せられることにします。

買い手には買い手の事情や意欲があり、売り手には売り手の事情や意欲があって出合っていますから、その日の相場は見合ったままで動きません。しかし、翌日には売り手は与えられた条件（＝1日しか持てない）によって、ショートカバーをしなければなりません。どんなに売り持ちを保有したいと思っていても買い戻さねばならないという**切実な「事情」**があります。そこで昨日の売り手はビッド（買い指値）を入れたり、オファー（売り呼び値）をとったりして、今度は買い手にまわります。無事に買えればスクエア（何もない状態）となり、ポジションはゼロとなります。

当初の買い手は1年間持てますので動きません。当初の売り手は買い戻せたのでスクエアですが、今度は彼のショートカバー（当初の売り手の買い）に付き合った新たな売り手（注：買いが成立するということは売った人がいるということ）が存在します。この売り手もまた1日しかポジションを持てませんので、翌日にはショートカバーを行います。こういったショートカバーの連鎖は、当初の買い手が1年後にポジションを閉じて売るまで続きます。この市場には今後1年間、毎日、どんな値段ででも買い戻さねばならない切実な買い手が現れることになります。

毎日切実な買い手が現れる市場では、売り手はいやいや売り向かうことになります。当初の売り手も、次の売り手も、その次の売り手も翌日にはカバーしなければならないのですから、損せずにカバ

ーできるような値段、つまり随分高いオファーを提示するようになります。こうして当初のたった1件の出合が価格の高騰を生んでしまうのです。

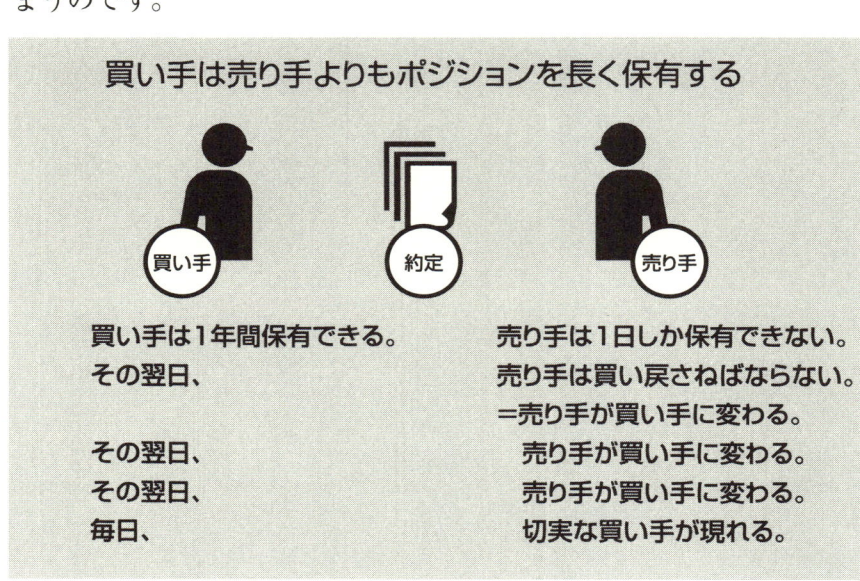

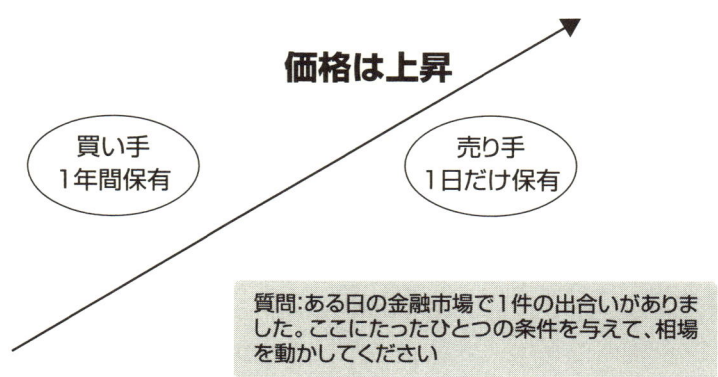

『買い手は売り手よりポジションを長く保有する』
(相場を上げたい場合。下げたい場合はその逆)

「そんなものは机上の空論ではないか」

そう考える人がいるでしょう。でも、私は現場たたき上げの人間ですから、純粋な理論のための理論とは無縁です。ここまで述べてきたことは実際の相場の値動きから会得したものです。

それでは、さらにわかりやすい例を取り上げてみましょう。外為市場で実際に見られるものとして「日本の石油会社が銀行からドルを買う場合」を考えてみましょう。

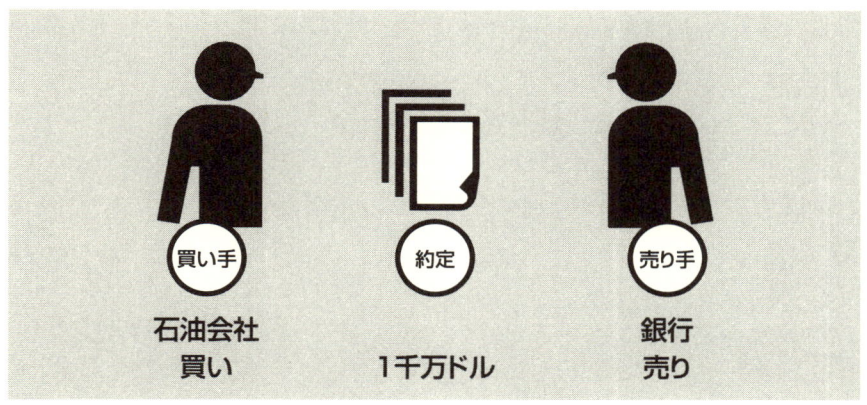

ある日、石油会社がA銀行から1千万ドルを買うことにします。このときの、石油会社のポジション、銀行のポジションを考えてみましょう。

石油会社は石油を購入するためにドルを買っています。もちろん、石油会社が購入したドルは石油購入の支払いに当てられます。石油会社の手元には石油が残っていますが、ドルは石油メジャー（石油会社の中で、探鉱・開発・生産の上流部門から精製・輸送・販売の下流部門まで、一貫操業を世界的な規模で展開する会社。エクソンモービルやシェブロンテキサコ、シェル石油、ＢＰなど）や産油国に

支払われ手元に残っていません。メジャーなどに支払われたドルは、ドルの経済圏に吸い込まれたのですから外為市場を離れています。すなわち、石油会社が外為市場で行ったのは「ドルの買い切り」で、１年待っても、１０年待っても売り戻しのないポジションです。あえて名付けるならば永遠のロングポジションです。

さて、Ａ銀行は顧客である石油会社にレートを提示し、自分の意志とは関係なくドルを買われた（＝ドルを売った）のですから、リスクを回避するために通常はすぐにでもショートカバーを行います。Ａ銀行にドルを売ったＢ銀行も、銀行間の付き合いでドルを売っただけですからすぐにカバーします。仮に相場観を入れてしばらくショートポジションを持ってみたところで、ドルが安くなれば利食い（決入れ）、高くなれば損切る（踏み）だけで、いずれはカバーします。すなわち、今日の売り手が明日の買い手に変わるという、先ほどの例とまったく同じ状態が起ります。市場で能動的な（カバー取引以外の）行動がこの出合しかなければ、ドルはどこまでも高騰してしまうのです。

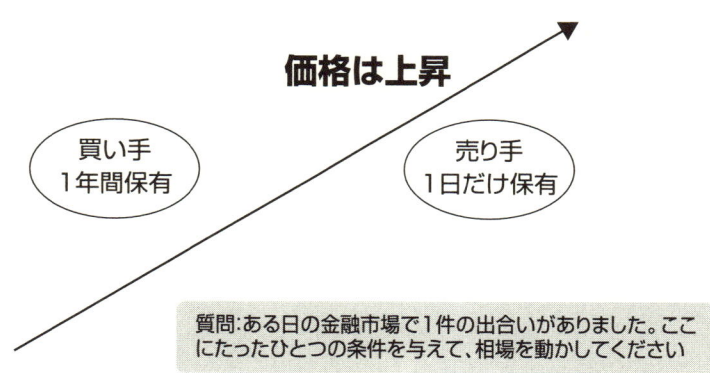

質問:ある日の金融市場で1件の出合いがありました。ここにたったひとつの条件を与えて、相場を動かしてください

『買い手は売り手よりポジションを長く保有する』
（相場を上げたい場合。下げたい場合はその逆）

誰かが能動的にポジションを取れば、その反対側に空白のような状態が作り出されます。そして、その空白を埋めるためのカバー取引が継続するのです。
　先ほどの「買い手はポジション（買い持ち）を１年間保有できる。売り手は翌日までの１日だけポジション（売り持ち）を保有できる」に話を戻します。１年間の買い持ちによって上昇した相場が上昇圧力をなくすのは、１年後に当初の買い持ちが売りに来たときです。石油会社のドル買いのような実需の買い切りではいつまで待っても売りは出てきませんから、その空白を埋めるために市場は永遠の上昇圧力を抱えることになります。
　ここでわかるのは、１日の買い持ちは１日だけ相場を支えている。１年の買い持ちは１年間相場を支えている、ということです。このことから

●日計りの買いはその日の数時間だけ相場を支えているだけなのでいずれは売りがでること
●ヘッジファンドの買いは数日から数カ月相場を支えているが、やはりいずれは売りが出る

ことがいえます。
　また同様に、１０年債の買い切りは償還までの１０年間相場を支えている、実需の買い切りは永遠に相場を支えている、ということもいえます。そういった買い切りに対抗できる力は、同じような性質を持つ「売り切り」しかありません。つまり、

●輸入（石油会社など）のドル買いには、輸出（自動車会社など）

のドル売りでしか対抗できない

ことがわかると思います。それが重要なのです。そして、この輸出入の差額、つまり売り切りと買い切りの差が貿易収支になります。日本の貿易収支——先に外為市場の材料としてあげた——は円相場の先行きに大きな意味を持っていることがわかると思います。

　すなわち貿易黒字では、輸入のドル買い（円売り）に勝る輸出のドル売り（円買い）が存在するということですから、市場は簡単には埋められない円高圧力を抱えていることになるのです。これは円高のトレンドを示します。

　また日計りの人たちだけが反応するような材料では、為替相場への影響はその日だけだということもわかるでしょう。これは価格の振幅（ボラティリティ）を示します。これが為替相場を動かす材料を並べたときにふれた「相場を動かす材料には瞬間的に大きな力を発揮する材料と、じっくりとボディブローを効かせてくるような材料とがある」ということなのです。どちらの材料が大切かというのではなく、性質の違いを理解していれば相場がよく見えるようになると思っていてください。

　冒頭の質問、「しばらく円高局面が続いたある日、アメリカの連銀議長がはじめて金融緩和政策路線からの転換を示唆しました。このことがドル円相場に与える影響をグラフの升目に印をつけて示してください」のヒントに「この材料では通常２段階の影響が考えられます」とした理由は、この材料は瞬間的に大きな力を発揮した後でじっくりとボディーブローを効かせてくる、にあるのです。このことは【ドリル編】の問題集の問１９で解答します。

同じように「売り手が買い手よりポジションを長く保有する」と相場は下がります。
　市場にはさまざまな参加者がいます。だからこそ相場は上げ下げを繰り返しているのですが、売り切りが大量に出ると一方向に傾きます。長期間にわたって（買い切りの量が上回るまで）大きな下げ圧力がかかります。

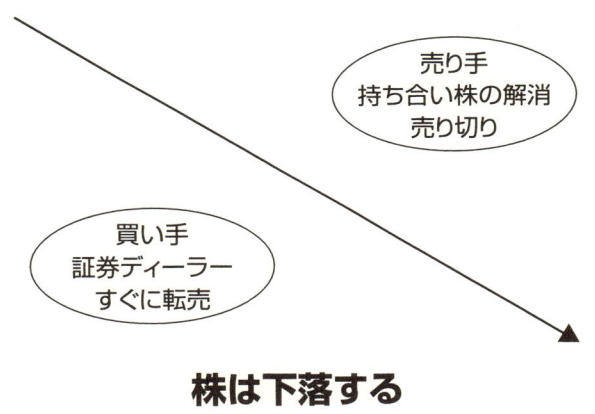

株は下落する

　わかりやすい実例は日本の株式市場です。バブル崩壊までの日本株式市場では銀行や企業がお互いの株式を持ち合っていました。バブル相場の底辺には超長期で株式を保有している人たちがいたのです。こうした持ち合い構造の安定株主たちは、株価が上がろうが下がろうが持ったままです。発行株式の多くはそういった形で持ち合われ、限られた浮動株だけをいくらでも借金して買うのですから、バブルにもなろうというものです。
　ポストバブル期はこれらが逆転しました。信用で買っていた人の投げ、日経リンク債などさまざまな仕組み商品により株式を持たさ

れた人の投げなどに加えて、持ち合い株の解消売りや、年金の代行返上売りなどが出ました。どれもが買い戻しを前提としない「売り切り」です。売れるということは、誰かが買っているのですが、その買い手が証券ディーラーや目先の戻しだけを取ろうとする人ですと、その後上がっても下がっても、結局は転売してしまいます。ここでも売り手と買い手とのポジションの保有期間に大差（売り手＞買い手）ができているのです。

　外為市場にも目を向けてみましょう。外為市場でドルの売り切り・円の買い切りを行うのは貿易黒字に示されている輸出企業です。輸出企業の円買いは——もちろん外為市場には貿易がらみの実需以外にも、観光客が売り買いするドル円、資本取引や投機筋など多くの参加者がいます——ずっとドル円相場の重石になってきました。現在（２００４年９月）のドル円レートは１０年前ほど前の安値の約１.４倍になっていますが、３０年前の３分の１以下、２０年前の半分以下のレートでしかありません。この３０年間というのは、日本が貿易黒字を積み上げていった期間です。いっぽうこの１０年ほどの間で目立った大口の市場参加者は日本の通貨当局です。日本の通貨当局は市場介入や外貨準備の積み上げという形でポジションを長く保有し、ドル円を支え続けています。

■ポジションの保有期間と価格の関係

　さて、ポジションの保有期間が価格に与える影響をもう少し考えてみましょう。

　ある日の外為市場で１００単位の出合がありました。１００億円と考えてくれても、１００億ドルと考えても結構です。

　銀行が間に立って取り次ぎます。買い手のうち３０％は銀行を含む日計り。５０％は銀行のポジションテーカーや証券会社、足の速いヘッジファンドなどで１週間の保有。残りの２０％がもっと息の長い投機で３カ月の保有とします。いっぽうの売り手は４０％が日計り。５０％がヘッジファンドで１カ月の売り持ち。残りの１０％が実需の売り切りだとします。

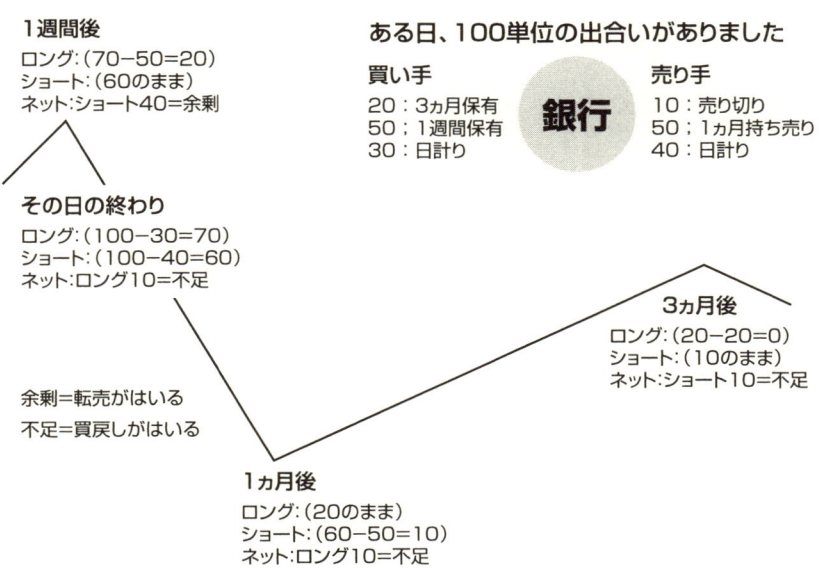

この条件ではその日の終わりには日計りのポジションが閉じられ、差し引き１０の買い持ちが残ります。売りも買いも取引相手は銀行となりますが、この買い持ちには取引相手の銀行がショートで向かった形になります。すなわち、買われてできた空白を、銀行が一時的なショートで埋めています（ひとくちメモの不足を参照）。この状態を不足と呼び、先の説明のようにショートカバー（踏み）の連鎖が起きることになります。

　不足による買い手優勢が１週間続いた後、買い持ちの５０が閉じられます。市場には大量の売り（５０）が出て差し引き４０の売り持ちが残ります。この状態を余剰と呼びます。今度は買わされた銀行による転売（投げ）の連鎖が起きるようになります（ひとくちメモの余剰を参照）。

　３週間余りの売り手優勢の後、売り持ちの５０が閉じられました。市場には大量の買い（５０）が出て差し引き１０の買い持ちが残り

ひとくちメモ

売玉・買玉の関係：
ロング　：買いポジションを保有すること。「買い→売り」のトレード
ショート：売りポジションを保有すること。「売り→買い」のトレード

不足：顧客によりドルなどが買われ、市場にドルなどが足りない状態。銀行のショートポジションを暗示する
余剰：顧客によりドルなどが売られ、市場にドルなどが余っている状態。銀行のロングポジションを暗示する

買い切り：実需による円（またはドル、ユーロ）の買い。売り戻しが無いポジション。
売り切り：実需による円（またはドル、ユーロ）の売り。買い戻しが無いポジション。

ました。市場は再び不足となり、銀行によるショートカバー（踏み）の連鎖という買い手優勢の局面を迎えます。

　最初の出合から３カ月後、市場に残ったすべての投機ポジションが閉じられました（買い待ち２０の売り戻し）。ここに至って当初の実需の売りに買い持ちで向かっていた投機筋がいなくなり、市場は１０の余剰を抱えたまま銀行間で転売（投げの連鎖）を続けることになります。市場での能動的な（カバー取引以外の）取引が当初の１日だけしかなかったとすると、３カ月後に投機ポジションが閉じられた後は、先ほどの実需と銀行の構図そのままに相場は下落を続けることになります。

　このように分析してみると、価格の振幅（ボラティリティ）は主に投機筋——買ったものは必ず売り、売ったものは必ず買い戻す人たち——の存在によって起きているとわかります。投機筋のポジションの量と保有期間によって価格が上下に振れるのです。

　ではこの例をつかって投機筋を除いた実需だけの相場がどうなるかを見てみましょう。この場合、１０の売り切りというのが実需にあたります。

　実需だけの相場でも相対の買い手はいます。実需の売りを受けた買い手は保有するために買ったわけではありませんので、少しでも有利なレートで売ることだけを考えます。この場合、少しでも有利なレートという「意欲」にはほとんど意味がなく、売らなければならないという「事情」に支配されていることが重要です。そして彼の売りを受けた新たな買い手も同様に行動します。すなわち、毎日毎日売り手が出てくる市場となるのです。これは「ババ抜き」のようなものですから、少しでも早く売ろうとオファー（売値）を下げ

る人が出てきます。また、低いビッド（買値）を叩く人も出てきます。

　投機筋のいない市場での価格は、おそらく下のグラフの放物線に似たような価格曲線を描くと思います。毎日切実な売り手が出てくること、つまり慌てることはないと気づいた買い手は、「どんな値段でもたたくのだから、売り手に良いレートを提示することはない」と考えます。それでも買いたくないものですから、次第に買い叩くようなレートを提示するようになります。その結果、価格は急落してしまうのです。こうならない場合は、取引所が値幅制限を設けたり、国家が実需の買いが出てくるまで買い支えを行っているのです。

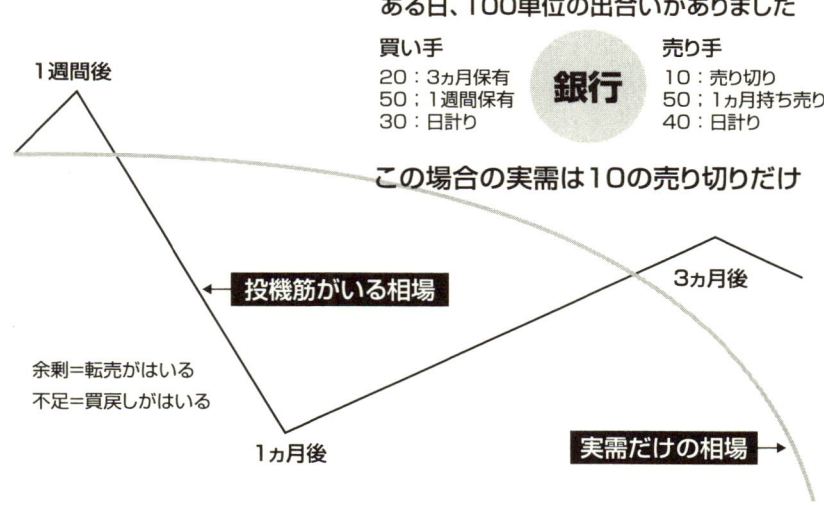

■トレンドラインとポジションの保有期間

次に、トレンドラインという誰もが知っているテクニカル分析を通じて、ポジションの保有期間について考えてみましょう。

トレンドラインにおける支持線（サポートライン）の定義は、切り上がっていく安値を結んだ直線です。価格はつねに上下動を繰り返していますが、そのもっとも売り込まれたところ、安値を結んだ線（支持線）が切り上がっていれば、その相場は上昇トレンドにあるといえます（グラフ［2］）。一方、もっとも買い込まれたところ、高値を結んだ線（抵抗線・レジスタンスライン）が切り下がっていれば、その相場は下降トレンドにあるのです（グラフ［1］）。切り上がってゆく支持線と切り下がってゆく抵抗線にはさまれた相場は、トレンド模索中の三角持合にあるといえます（グラフ［3］）。

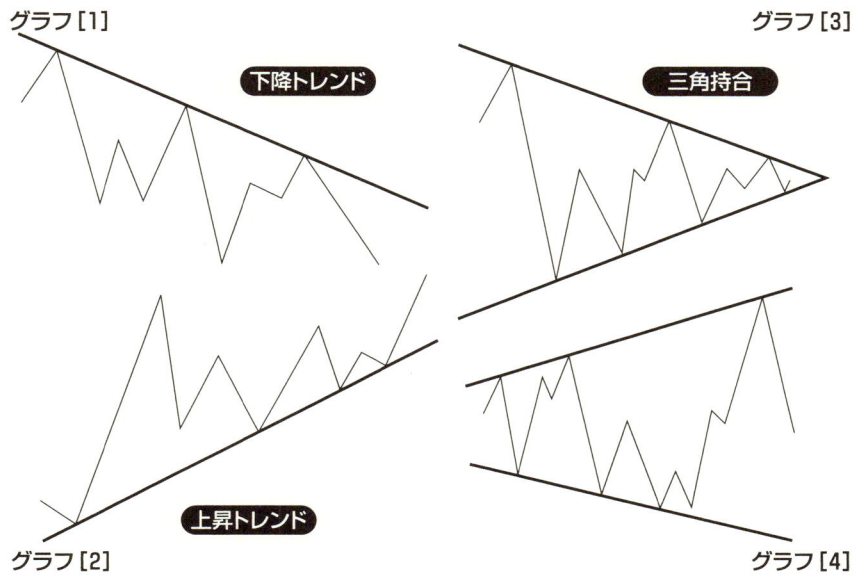

グラフ［4］にあるような、高値が更新された後に安値も更新されるような拡散していく相場には、価格の振幅（ボラティリティ）があるだけでトレンドは存在しません。

　次のグラフの支持線に注目してください。安値と安値とを結んだ支持線を1辺とする直角三角形はすべて相似の関係にあります。グラフの横軸は時間、縦軸は価格ですから、前の安値から次の安値へは同じ時間をかけて同じ値幅で上昇していることがわかると思います。相場の上下動に惑わされずに支持線だけを見ていれば、この相場は測ったように正確に上昇トレンドにあるとわかります。これは、この期間を通じてポジションを保有し続けている人の存在を暗示していると考えられなくはないでしょうか？

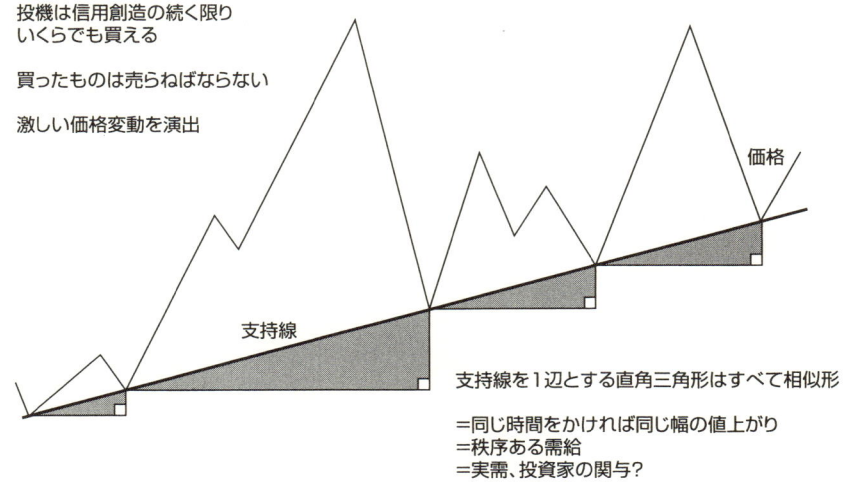

相場は買えば上がり、売れば下がります。それによって価格は上下動を繰り返すわけですが、ほとんどの参加者がポジションを膨らませたり閉じたりしている傍らで、静かに売り切り買い切り、あるいはそれに準じた長期保有をしている人がいます。そういう人たちがいるからこそトレンドができるのです。もし、そういう人たちがいなければ投機筋が力まかせに高値を更新させ、安値も更新させていくような"ボラティリティだけが広がっていく"相場になるでしょう。

以上のことをまとめましょう。次のようになるといえます。

トレンドは実需によって、
ボラティリティは投機によってつくられる

ボラティリティ（価格の振幅）のある相場には必ず投機筋がいます。市場はそもそも実需の売り買いのために存在したのでしょうが、実需の動きは散発的であったり一方向に偏っているために、投機筋のような仲買い者を必要とします。仲買い者が売り手に対する買い手を探し回って（あるいはその逆）、純粋に取次ぎだけを行えばブローカーですが、実需の売り買いに時間差や数量の差が出てくると、仲買い者が一時的にせよ自己でポジションを抱える必要が出てきます。彼らがディーラー、あるいはトレーダーです。

ディーラーやトレーダーは顧客の相手をつとめて為替や債券、株式、商品などを売り買いしますが、売ったものは必ず買い戻し、買ったものは売り戻します。どんなに売買しても彼らの狙いは手数料や売買益だけ、金融商品そのものに対する需要もなく供給もできません。彼らの市場での行いは分類上「投機」とされます。彼らはや

がて受身でポジションを抱えるだけではなく、需要に先立って買ったり、供給を見越して売ったりし始めるのです。市場が成熟してくると、情報だけで売り買いを始める純粋な投機筋が出てきます。彼らは上がりそうだと買う→上がるから買う→上がったから買うというようにポジションをどんどん膨らませてきます。彼らのうち、売り買いをその日のうちに終えてしまうものを日計りと呼びます。

　実需が指し示すトレンドに沿った売買だけをする投機筋もいる一方で、価格が上がっている事実に注目する投機筋も出てきます。彼らは上がるから買う、買うから上がるを繰り返し、必ず行き過ぎてしまいます。それが買われ過ぎ（オーバーボート）と呼ばれるところで、一旦の高値がその頂点です。

　買い過ぎて相場が重くなると、安く買った人の利食いや、高く買った人の損切りが出て、相場は調整局面に入ります。ここからは下がるから売る、売るから下がるという展開になり、必ず売り過ぎるところまで売り込みます。これが売られ過ぎ（オーバーソルド）と呼ばれるところで、一旦の安値がその底となります。すなわち支持線の安値で支えられているところは、投機筋が買ったものを売り切ったところではなく、売り越しに転じてどうにも動きがとれなくなったところなのです。そう考えていくと、トレンドラインでの売り買いは、経済のファンダメンタル上での割高を売り、割安を買うことも暗示していて、テクニカル分析を超えたそれなりの意味もあるとわかるでしょう。

　以上のことから、経済のファンダメンタルズに裏打ちされた需給による適正価格があるとすれば、トレンドライン上ではなく、トレンドラインに沿って少し平行移動させたところになると考えられます。一旦の高値や一旦の安値は買われ過ぎ・売られ過ぎを示すとこ

ろだからです。こう考えていくとテクニカル分析は経済のファンダメンタルズとは無縁ではないとわかるでしょう。

トレンドラインのようなテクニカル指標とは、価格の動きを記録し分析したものです。いっぽう、その価格の動きは経済のファンダメンタルズを反映していますので、両者に関係があって当然なのです。

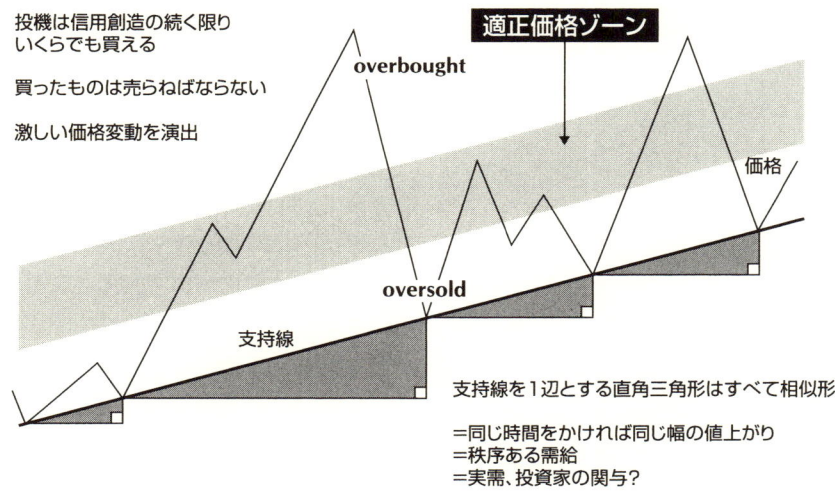

例えば、上のチャートをよく見ると、上昇トレンドラインのほかに高値が2つ並んでいるダブルトップ（二番天井）が見てとれます。そして右端である現在の価格は2番目の高値をヘッドとした小さなヘッド・アンド・ショルダーズ（三尊）の右肩を形成しようとしているようにも見えます。すなわち、トレンドラインでサポートされているところは、小さなヘッド・アンド・ショルダーズのネックラ

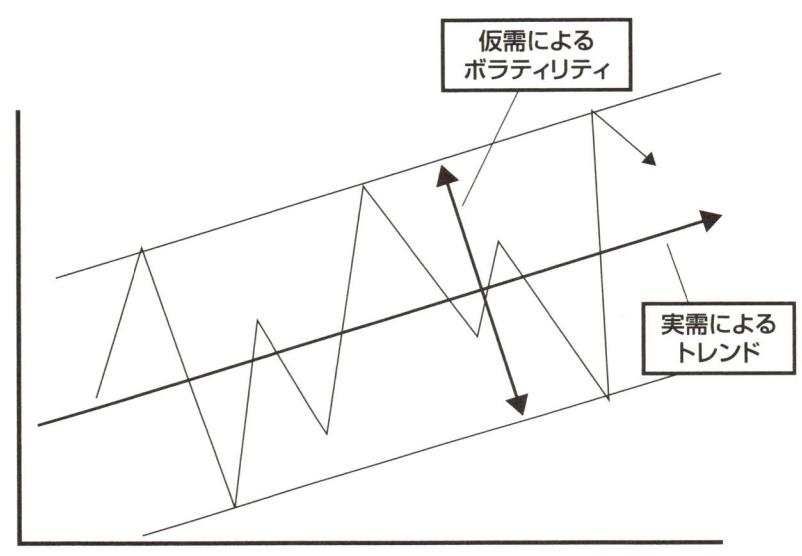
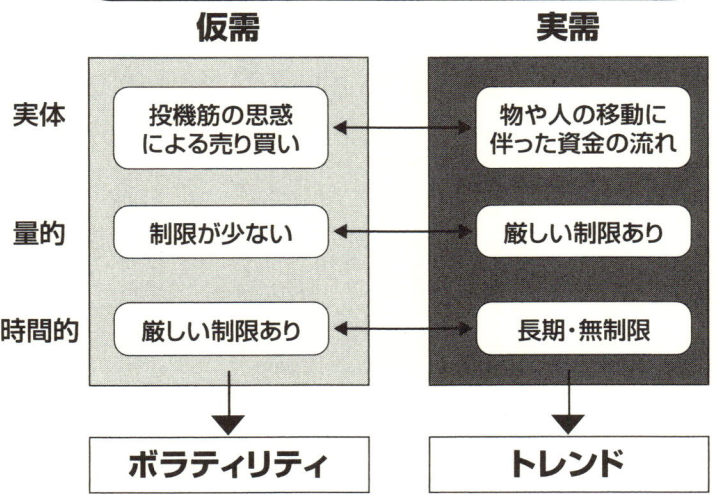

インにも当たるところです。次の動きでここが破られると急落も考えられるところです。ここを抜ければテクニカル上の売りサインです。実需の存在を暗示する相似の三角形が崩れることも意味します。要するに、経済のファンダメンタルズにも何らかの変化があるかもしれないのです。トレンドラインを手掛かりに買って、抜ければ損切るというトレードにもしっかりとした意味があるのです。

　逆にこのトレンドラインでサポートされるとテクニカル上では再び高値を狙いにいけます。また、実需の存在を暗示する相似の三角形をもうひとつつくることにもなり、経済のファンダメンタルズはまだ上昇トレンドにあるとも考えられます。

　このようにチャートの値動きを見ているだけでも、市場には大きく分けて2種類の参加者がいるとわかります。ひとつは買ったものは必ず売り戻さねばならない投機筋などの仮需。もうひとつは実際の物や人の移動に伴った資金の流れである実需です。仮需には量的な制限は少ないのですが、時間的に厳しい制限がついています。いっぽうの実需は時間的には長期あるいは無制限なのですが、量的には厳しい制限があります。例えば、石油会社でも石油の輸入に必要なドル以上のドルを買うことはできますが、その超えた部分は仮需で、いずれ売り戻さねばなりません。したがって、石油による実需のドル買いを知るには貿易統計の数値で十分なのです。

　さて、以上のように、ポジションの保有期間の長短大小が相場のトレンドや価格変動をつくっているとすれば、誰がどのようなポジションを取っているかを分析することで相場の先行きがだいたい見えてくることになります。しかし、これはあくまでも理論のうえでの話。実際の市場ですべての取引の内容を押さえるのは不可能だと

いえます。また、仮に一定期間内のすべての取引を押さえることができたとしても、気まぐれな投機筋が次の瞬間にどう動くかまでは掴めないでしょう。

　だからこそ、相場の先行きを知るための手段として、チャートなどテクニカル分析の助けを借りるのです。テクニカル分析は、テクニカルそのものだけの技術を習得しても十分に使えます。また、テクニカル分析を使えば、前記のようにトレンドラインからは経済のファンダメンタルズの流れを反映した実需がわかります。また、値幅や傾きからは一定の期間ならば相場をどちらにでも動かせる仮需のポジションの取り方（量や期間）を推測できます。

　本書で扱うのはテクニカル分析ではなく、為替相場の材料です。当初、為替相場を動かす材料を並べたときにふれた「相場を動かす材料には瞬間的に大きな力を発揮する材料と、じっくりとボディブローをきかせてくるような材料がある」ことがわかると、今度は材料から相場の先行きが読めるようになってきます。

　以上のことを頭に入れたうえで、後半の【ドリル編】に進んでください。まずは自分で考えてみて、自分なりの解答を出した後で、私の説明を読んでください。そして実際の材料が出るたびに相場の先行きを予測してみるのです。その訓練を繰り返すと相場観が格段に良くなります。相場観が良くなってもすぐに儲けにつながるとは限りませんが、相場力が確実にアップします。そしてそういった積み重ねが、いつか大きな収益を生み出すのです。

外為市場の材料：その影響力の分析と対応パターン
ドリル編

材料や要因が相場に与える影響力の強さ・量を縦軸に、しつこさ・時間を横軸にします。

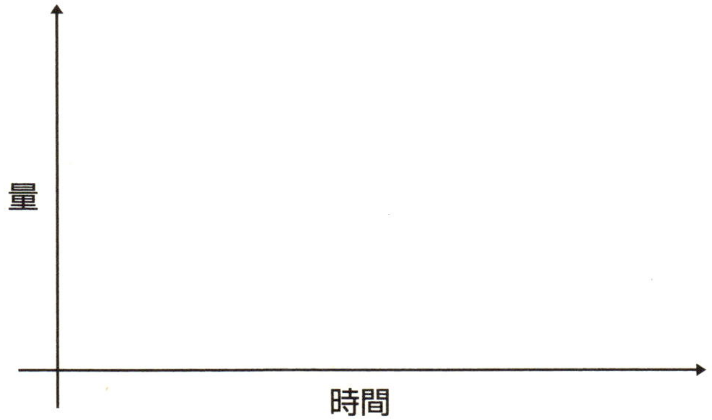

相場（価格）に与える影響力が大きく強いほど上へ、しつこく長いほど右へ向かいます。相場に与える影響力が強くなるにつれて、１、２、３と数字が大きくなります。相場に与える影響力が長くなるにつれて、紫、黄、赤とします（次ページを参照）。

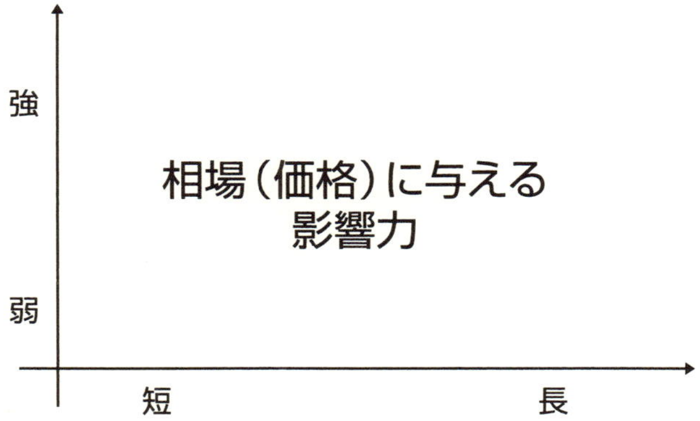

このグラフでわかるのは、材料や要因の数字が大きければ価格の振幅（ボラティリティ）が大きく、右によっていればトレンドに影響与えるということです。

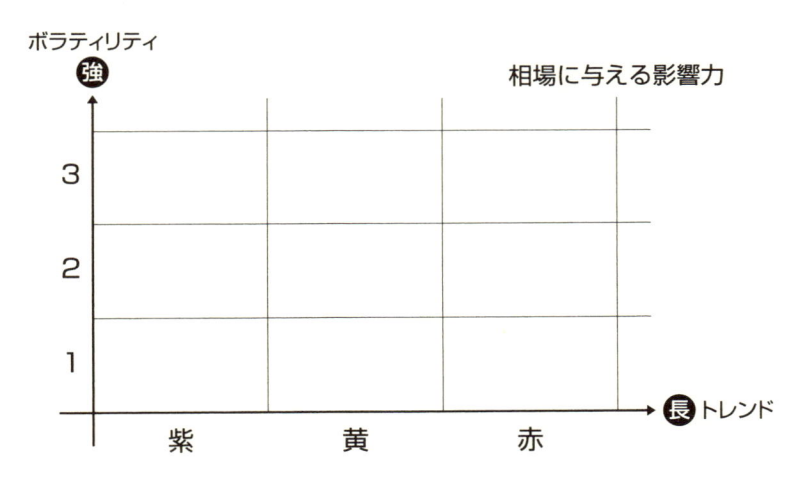

```
ボラティリティ
 强                    相場に与える影響力
  ┃
 3┃
  ┃
 2┃
  ┃
 1┃
  ┗━━━━━━━━━━━━━━━━━━━━━━▶ 長 トレンド
     紫     黄     赤
```

　それでは、試しに投機筋の代表格、大手ヘッジファンドの相場に与える影響力を考えてみましょう。

　彼らは預かった資金を元手に、信用でレバレッジをかけて運用します。したがって、大きなポジションを扱うことができます。

　しかし、預かった資金、借りた資金の運用ですから、返さねばなりません。また一般的に3カ月ごとの報告義務があり、それ以外にも顧客からの問い合わせや、ドローダウンといって一定期間（たとえば1週間や1カ月）に一定以上（例えば5％）の損失が出るとポジションを閉じなければならないなどといった約束事がありますので、厳しい時間的な制約を受けています。彼らの一般的なポジションの保有期間は数日から数カ月とみていいと思います。

　グラフで表すと、量的に影響力の強い3のゾーンですが、時間的

には黄色のゾーンを超えることはありません。仮需である投機の限界は時間なのです。

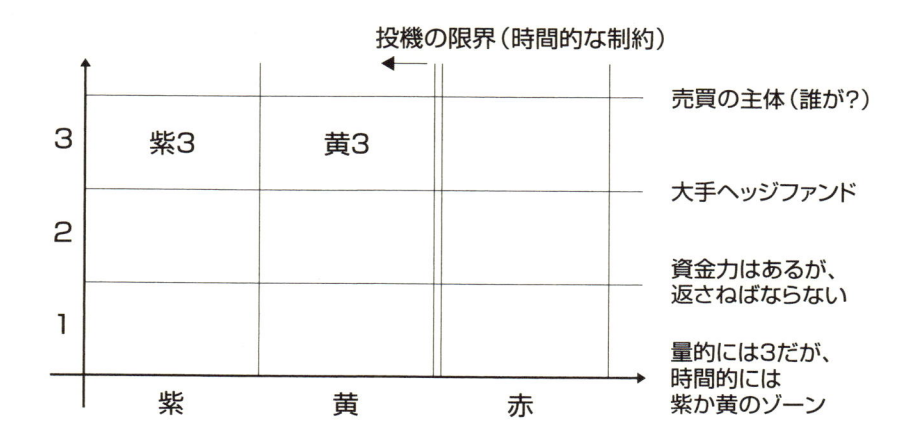

```
         投機の限界（時間的な制約）
                  ←
                              売買の主体（誰が？）
 3   紫3     黄3
                              大手ヘッジファンド
 2
                              資金力はあるが、
                              返さねばならない
 1
                              量的には3だが、
                              時間的には
     紫      黄      赤         紫か黄のゾーン
```

　次に投機的な材料としての、金利の変動が相場に与える影響力を考えてみましょう。

　政策金利の変動が為替相場に与える影響は通常2段階にわたって起ります。まずは金利が方向転換を始めるときです。今まで積み上げたポジションを閉じる動きが起こります。通常、相場では困る人が多い方向へと動く傾向があります。意欲よりも事情——売らねばならない事情や買わねばならない事情——を優先させなければならないケースが多いためです。このような場合には瞬発的に大きな動きを伴いますので3のゾーンになります。しかし、このような動きは一過性でしかなく、紫のゾーンに収まります。

　2つの通貨のどちらかの金利が変動すると、金利差にも変化が訪れます。今度はこの金利差をもとにしたポジションが取られるようになります。この場合のポジション造りは事情ではなく意欲です。

当然、さまざまなことを考慮しますので急激に盛り上がるようなことはありません。したがって、強さではせいぜい２のゾーン。時間的には余裕があるとはいうものの、やはり限られた時間内でのポジションです。黄色のゾーンになります。

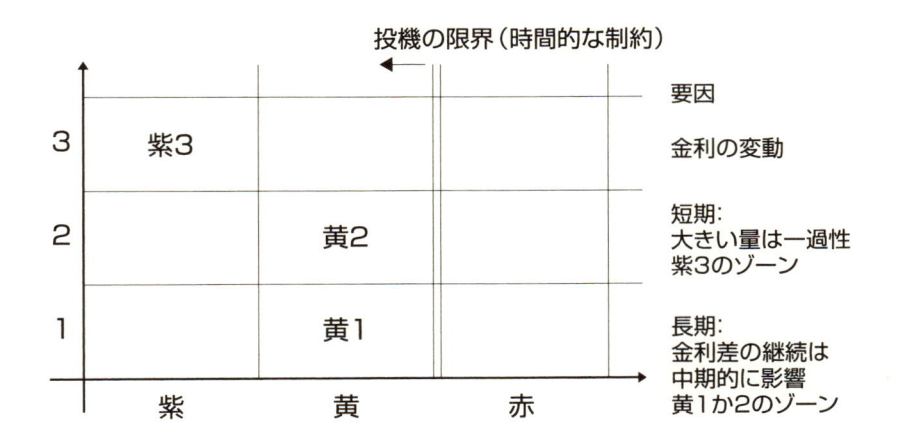

```
                  投機の限界（時間的な制約）
                  ←─────────────
                                        要因
 3  │ 紫3  │      │      │            金利の変動
    ├──────┼──────┼──────┤
 2  │      │ 黄2  │      │            短期：
    ├──────┼──────┼──────┤            大きい量は一過性
 1  │      │ 黄1  │      │            紫3のゾーン
    └──────┴──────┴──────┴──→
       紫     黄     赤               長期：
                                     金利差の継続は
                                     中期的に影響
                                     黄1か2のゾーン
```

　今度は実需の代表格ともいうべき自動車会社のドル売りが相場に与える影響をみてみます。

　これまでの【説明編】でおわかりでしょうが、実需のドル売りは実需のドル買いによって相殺されるまで、相場に影響を与え続けています。グラフで表すと赤で、赤外線に近いほど右端にいます。

　しかし、実需には量の制約があります。リーズ・アンド・ラグズといって、相場観を入れて為替予約を早めようが遅らせようが、売らねばならない絶対量の上限は実際に車が売れたぶんです。それ以上に売ることがあれば、どこかで買い戻すことになりますので、この部分は自動車会社による投機、仮需にすぎません。グラフで表すと、大手とはいえ１のゾーンになります。

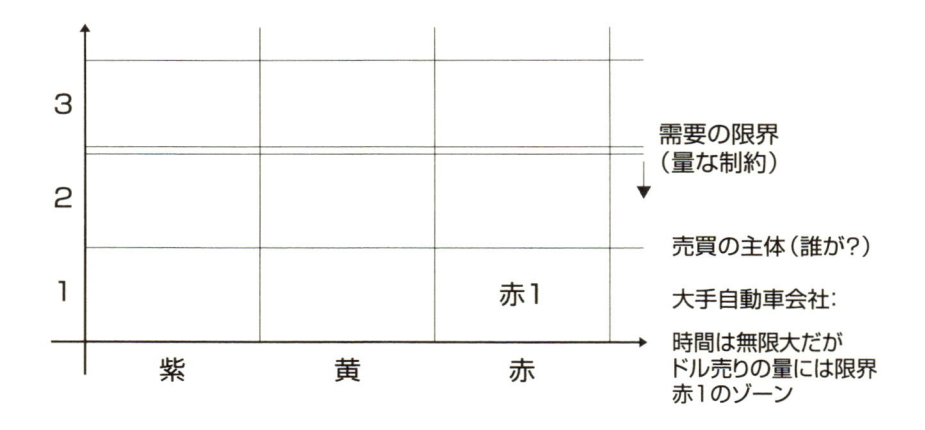

```
  ↑
3 |─────────────────────────
  |
  |                          需要の限界
2 |─────────────────────────（量な制約）
  |                          ↓
  |                          売買の主体（誰が？）
1 |             赤1          大手自動車会社：
  |                          時間は無限大だが
  |─────────────────────→    ドル売りの量には限界
    紫    黄    赤            赤1のゾーン
```

　実需を表す材料として、貿易収支を取り上げます。

　【説明編】では「実需のドル売りは実需のドル買いによって相殺されるまで、相場に影響を与えている」と繰り返し述べています。この輸出入を相殺したものが貿易収支ですから、これを見るだけで公の貿易がらみの実需はすべてわかります。公と断っている理由は「貿易収支は通関統計、すなわち税関を通る金額だから」にあります。密輸や個人の持込、あるいはアメリカの貿易収支のように軍需関連を省く場合にはこの数値には出てきません。いずれにせよ、為替相場の材料としては細かいところまで知る必要はなく、大体のイメージだけを捉えられれば十分です。

　実需はすべてグラフの赤の部分にきます。貿易収支は、ほぼ均衡している場合には相場に与える影響力の強さは１。日本やアメリカのように不均衡の度合いが激しいとき（日本の場合は大幅黒字。アメリカは大幅赤字）には２となります。どんなに不均衡であっても、実需には量の制約がありますので、３に行くことはできません。

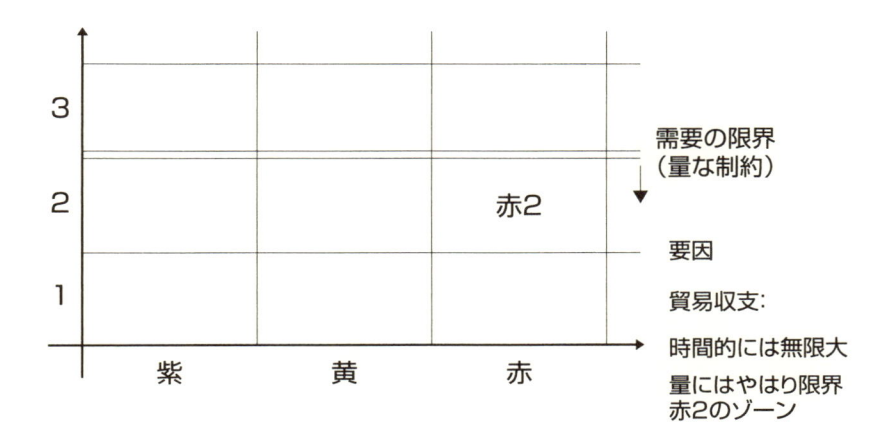

```
  3
           赤2          需要の限界
  2                    （量な制約）
                              ↓
  1                    要因

      紫    黄    赤    貿易収支:
                       時間的には無限大
                       量にはやはり限界
                       赤2のゾーン
```

　これまでのところをまとめますと、相場のトレンドはポジションの保有期間の長さ、すなわち時間に大きな影響を受け、価格の振幅（ボラティリティ）はポジションの大きさに影響を受けることがわかると思います。これを具体的な参加者に置き換えますと、相場のトレンドは実需動向に、価格の振幅は大手ヘッジファンドなどの投機筋、すなわち仮需の動向に大きな影響を受けるといえます。

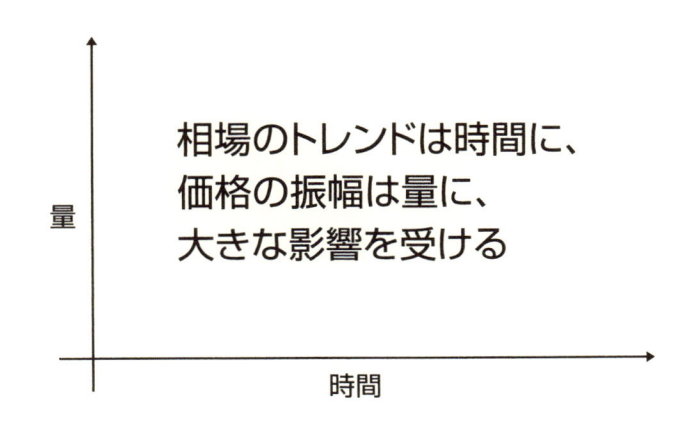

**相場のトレンドは時間に、
価格の振幅は量に、
大きな影響を受ける**

（縦軸：量、横軸：時間）

```
    ^ 量
    |
    |          相場のトレンドは実需に、
    |          価格の振幅は投機に、
    |          大きな影響を受ける
    |
    |
    |_____> 時間
```

　ここでもう一度、外為市場の材料の一覧を次ページに挙げます。次々と出てくるこれらの材料が為替相場にどのような影響を与えてゆくかを、質問と解答の形式で解説していきましょう。

● はじめにトレンドに関与している材料なのか、価格の振幅(ボラティリティ)の材料なのかを見極めてください
● 次にその影響力の強さ(1～3の段階)、影響力の長さ(紫、黄、赤)を考えてください
● 最後に、材料が9分割したグラフ(39ページ参照)のどの位置にくるかを考えてください。

それでは始めましょう。

外為市場（ドル円）の材料

地政学的リスク	連銀議長のコメント	日本の貿易収支
G8でのコメント	政策金利	米国の貿易収支
政局（選挙）	短期（市中）金利	旅行収支
景気指標	長期（市場）金利	経常収支
インフレ指標	金利差	直接投資
財政収支	マネーサプライ	証券投資
債券格付け	市場介入	投資収支
株価	外貨準備高	
通貨危機		投資家動向
		ヘッジファンド動向
規制		ディーラー動向
		先物市場動向

注：米国の貿易収支や連銀議長のコメントは米ドルの材料です。ユーロ円やポンド円オージー（豪ドル）円といったクロス円を見る場合は、円の材料に加えてそれぞれの国の貿易収支や要人のコメントに変わります。

【ドリル編】

相場力アップ問題集

ドル円相場に影響を与えそうな要因をあげますので、予想される期間とパワー、基本的な対応方法を考えてください。

問1

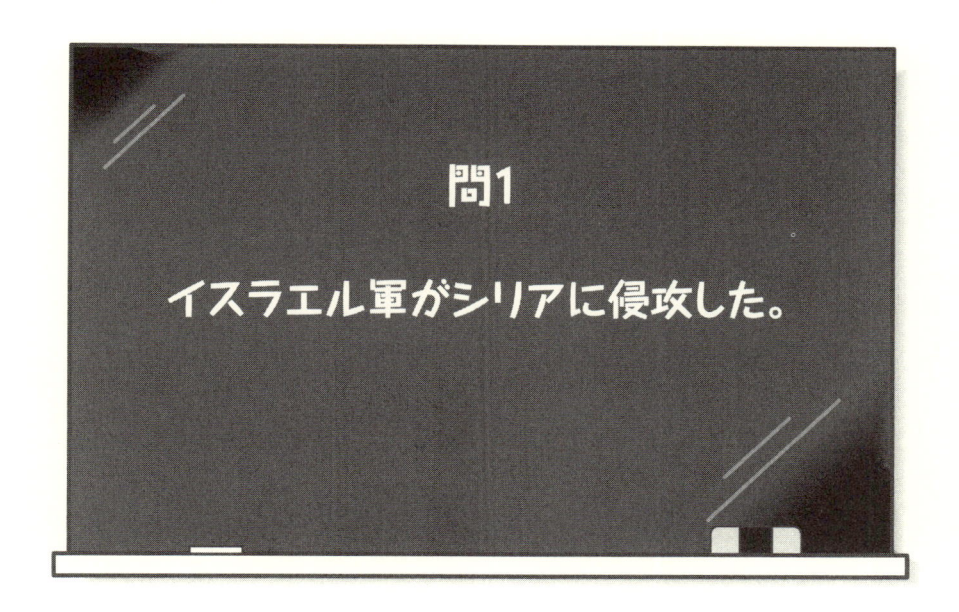

イスラエル軍がシリアに侵攻した。

MEMO

【解答と解説1】

　この材料は分類上、地政学的リスクと呼ばれるものです。この材料がドル円に与える影響を探るには、この材料によりアメリカと日本のどちらが得するかを考えます。アメリカ側から見て、イスラエルや中東情勢をコントロールできていると考えればアメリカにプラスですが、逆に手に負えなくなっていると考えればマイナスです。とはいえ中東情勢の混乱により日本が得るものはほとんどありませんので、円売りの材料にはなっても円買いになりません。一般に円は地政学的リスクに極めて弱いのです。

　この材料単独ですと影響はニュースとしてインパクトのある期間内だけだといえますので、前のグラフ上では影響力の短さを表す紫のゾーンにあたります。こういったイベントリスクは予期せぬ出来事でもありますから、まずは積み上げたポジションを閉じることから起こります。パワー的にはそれまでのポジションの積み上がり方次第で1、2、3のどれもが当てはまります。自分からは仕掛けず、どちらかにはねたところを逆張りです。今後の展開をみないと真の影響をはかりかねる材料ですので、一勝負終わったならほかの材料を待ちます。

【まとめ】

材　料：地政学リスク
時間的：紫
量　的：ポジションの積み上がり方次第
戦　略：はねたところを逆張り
ひと言：イベントリスクではポジション整理が入る。
　　　　しかし今後の影響はわからないので、行き過ぎたところで逆張る

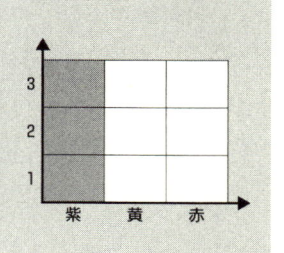

問2

G8でドル高容認発言がでた。

MEMO

【解答と解説2】

　分類上は要人のコメントです。この材料もニュースとしてインパクトのある間だけですから、短期的な影響しか与えません。要人といえども為替相場に必ずしも精通しているわけではなく、深い関心があるとも限らないからです。彼らはしばしば気まぐれに前言を覆します。グラフ上では影響力の短い紫のゾーンです。こういった要人の発言は恒例化しており市場も慣れっこになっていますから、パワー的にもそれほど大きくなく1か2でしょう。この場合は素直にドル買いで反応し、値が伸びきったところをドテンで逆張ります。この後は、その日それまでにできた高値、安値間で2、3回勝負します。

【まとめ】

材　料：要人のコメント
時間的：紫
量　的：1か2
戦　略：素直にドル買い。値が伸びきったところで倍返し。その日のそこまでのレンジ内で2，3回逆張り倍返しのトレードを繰り返す
ひと言：恒例化された材料なので、素直に動く

問3

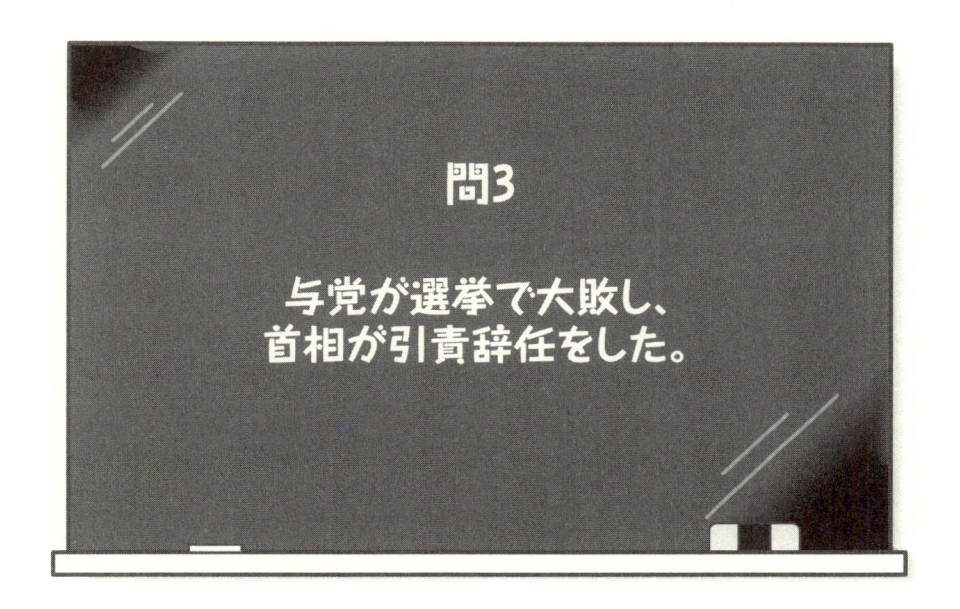

与党が選挙で大敗し、
首相が引責辞任をした。

MEMO

【解答と解説3】

　分類上は政治的な要因です。この材料も単独ではニュースとしてだけ扱ってよく、短期的な影響しか与えません。紫のゾーンです。今後の影響は誰にもわからないのですが、政治が不安定になる恐れがあるということで円売りドル買いから入ります。首相の引責辞任などめったに起きないことですからパワー的には2から3に入ってきます。これも値が伸びきったところではドテンで逆張りです。これも、その日それまでにできた高値、安値間で2、3回勝負できそうです。

【まとめ】

材　料：政治的な要因
時間的：紫
量　的：2から3
戦　略：円売りドル買い。値が伸びきったところで倍返し。その日のそれまでのレンジ内で2、3回逆張り倍返しのトレード
ひと言：イベントリスクでもあるのでポジション整理が入るが、とりあえずの円売り材料

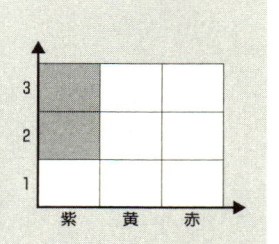

問4

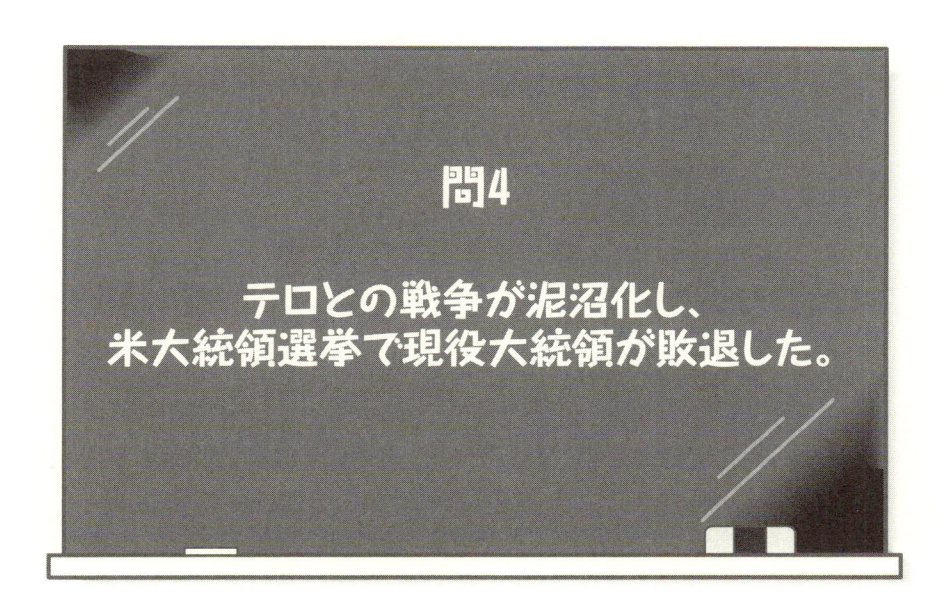

テロとの戦争が泥沼化し、
米大統領選挙で現役大統領が敗退した。

MEMO

【解答と解説4】

　地政学的リスクが政治的な要因に発展しました。これは問3の問題の裏返しです。一時的な動きですので紫のゾーンです。素直にドルを売った後は、ドテンの逆張りが正解です。市場はめったに起きないことにはニュースとしての価値を見出しますので、パワー的には3と考えていいでしょう。もっとも現役大統領の敗北を市場がすでに織り込んでいる場合にはニュースとしての価値はなく、それまでのポジションの返しが入ります。

【まとめ】
材　料：政治的な要因
時間的：紫
量　的：3
戦　略：素直にドル売り。値が伸びきったところで倍
　　　　返し
ひと言：イベントリスクではポジション整理が入るが、
　　　　材料としてはドル売り

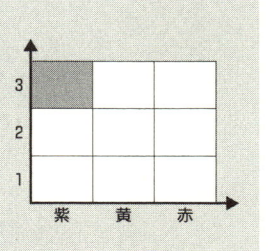

問5

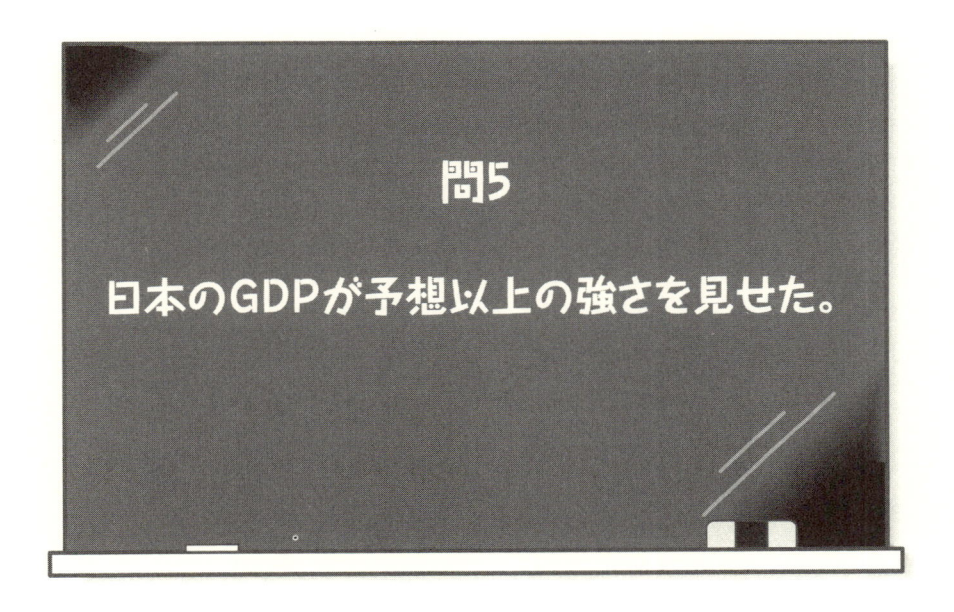

日本のGDPが予想以上の強さを見せた。

【解答と解説5】

　経済指標です。過去のデータを検証しますと、成長率と為替レートとは相関関係にも逆相関関係にもありません。すなわち、無関係ですのであまり真剣に考える必要はありません。ニュースとしての価値しかないもののゾーンはすべて紫のゾーンです。定期的に出る経済指標の類はインパクトも巨大だとはいえず、パワー的には2がいいところだと思います。とりあえずは円買いドル売りから入り、値が伸びたところでドテン、逆張ります。

《補足》

　この数値に限らず、市場が経済指標などの数値に反応するときは、絶対値の大きさや、対前年同月比などの比較ではなく、市場がどこまで織り込んでいるかというマーケットコンセンサスとの比較で行います。絶対値がどのようなものであれ、市場がその数値を織り込んでいれば、価格に与えるインパクトはもはやゼロだといえます。

【まとめ】

材　料：経済指標
時間的：紫
量　的：1か2
戦　略：円買いドル売りから入り、値が伸びたところで倍返し
ひと言：相関性の根拠に乏しく、ニュースのとしての価値しかないものはすべて紫。短期的な材料に反応するのは短期トレードなので、早めにポジションの返しが入る

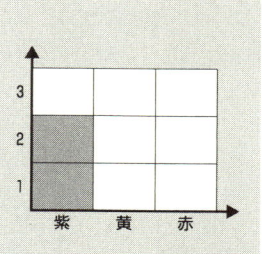

問6

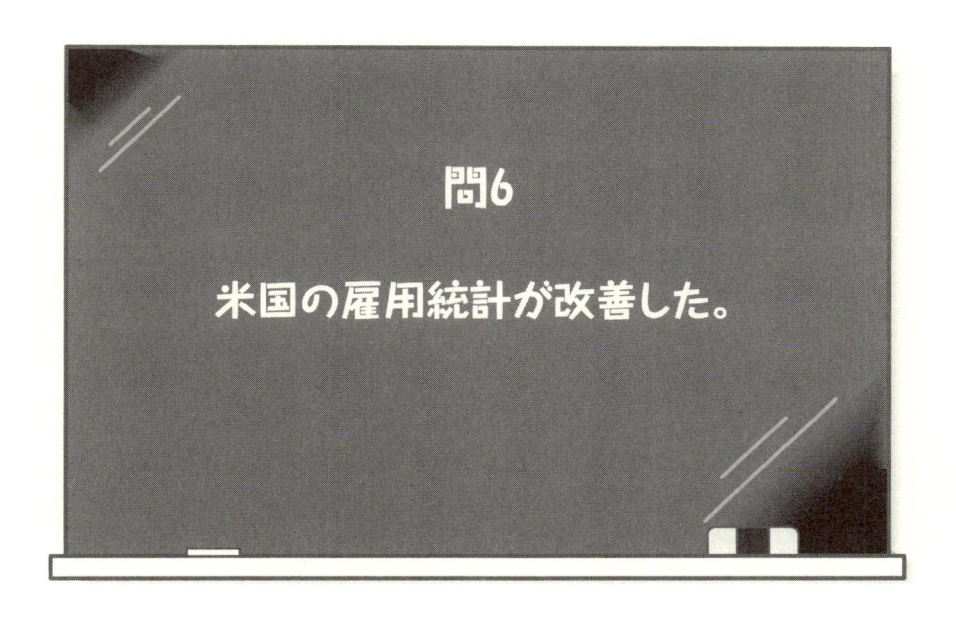

米国の雇用統計が改善した。

MEMO

【解答と解説6】

　経済指標です。これも前の問題の裏返しです。雇用統計は定期的に出る経済指標で、為替相場に与える影響では（成長率と為替レートとは相関関係にも逆相関関係にもありませんので）ニュースとしての価値しかないため、紫の2と考えていいでしょう。まずはドル買いから入って、値が伸びたところをドテン、逆張ります。

《補足》

　これら一連の「好材料には素直に反応して値が伸びたところを逆張り」パターンで、素直に反応したのに値が伸びない場合は、どのレベルでもドテンの倍返しをねらって逆に攻めます。問1から問6までの戦略で、ドテンの倍返しが目立つのは材料が短期的（紫）だからです。日々のニュースに反応する人の大半は日計りです。日計りではその日のうちに売り買いを完結させますので、値が伸びないとわかったなら数分後にでもポジションを閉じてきます。いずれにせよ投機筋のポジションは必ず閉じられます。

【まとめ】

材　料：経済指標
時間的：紫
量　的：2
戦　略：ドル買い。値が伸びたところで倍返し
ひと言：投機筋の好む材料。素直に動いて、早めにポジションを入れ替える

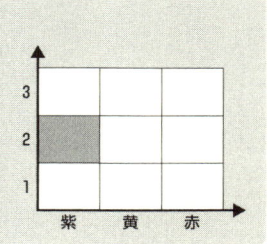

問7

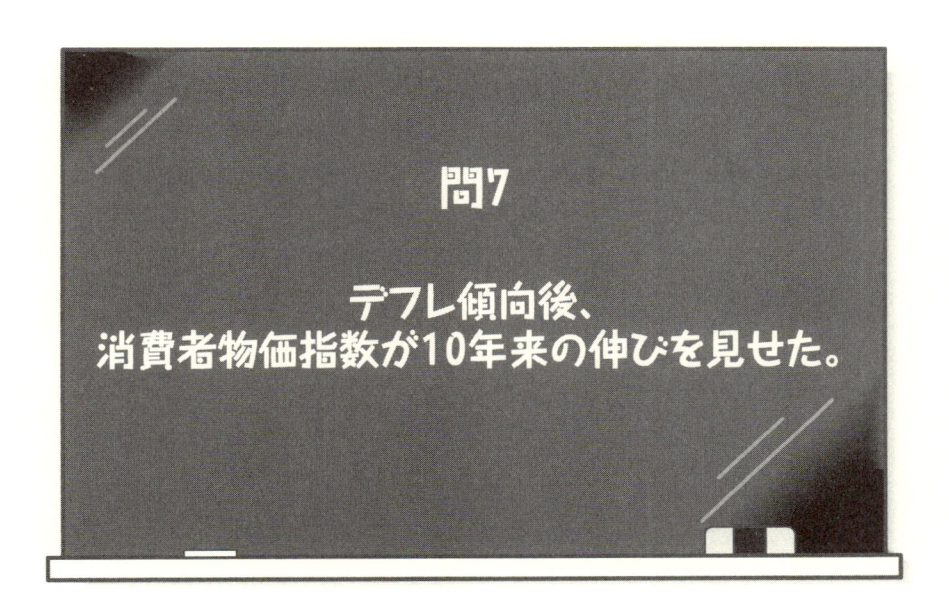

デフレ傾向後、
消費者物価指数が10年来の伸びを見せた。

MEMO

【解答と解説7】

　経済指標のなかのインフレ指標です。インフレは金利高に直結しますので注意が必要です。金利高そのものは通貨の魅力を高める（割安になるとも表現できる）ので買いなのですが、債券価格や株価に悪影響を与えますので売りの要因もあります。市場の反応はそのときどきのポジションの状態でまったく正反対に反応する可能性があります。

　金利関連の反応は2段階で想定します。まずはニュースとしての価値で、短期的な影響を表す紫のゾーンがきます。この場合、ポジション整理の勢いが強いのでパワー的には3にもなります。次にインフレが金利高につながると、インフレを抑えるための金融引き締めは通常長く続きますので、第2段階は黄色のゾーンに入ります。第1段階のポジション整理が事情ゆえの切実なものだとすれば、第2段階のポジションの積み上げは意欲によります。ですから、第2段階当初のパワーは1ですが、状況が継続すれば徐々に2に向かっていきます。まずはドル買いでいいでしょう。上がらねばすぐに売って、どちらにでも値が伸びきったところを逆張ります。材料が出た当日に限っていえば、いったんのポジション整理が終わると今度は逆に動き始めるのです。

《補足》

　金利関連に限らず、ある状況が継続すればその状況をもとにしたポジションが膨らんでいきます。ポジションが膨らんだ後に状況変化を示唆する材料が出ると、一時的にポジション整理に関連する大きな動きをみることになります。

【まとめ】
材　料：経済指標
時間的：紫から黄
量　的：ポジション整理で3。新たな積み上げで1から2
戦　略：まずはドル買いだが、臨機応変に倍返し
ひと言：金利の方向転換が匂えばポジション整理が入る

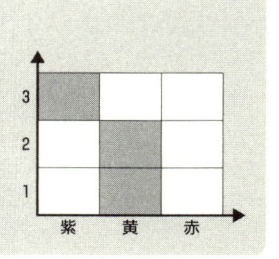

問8

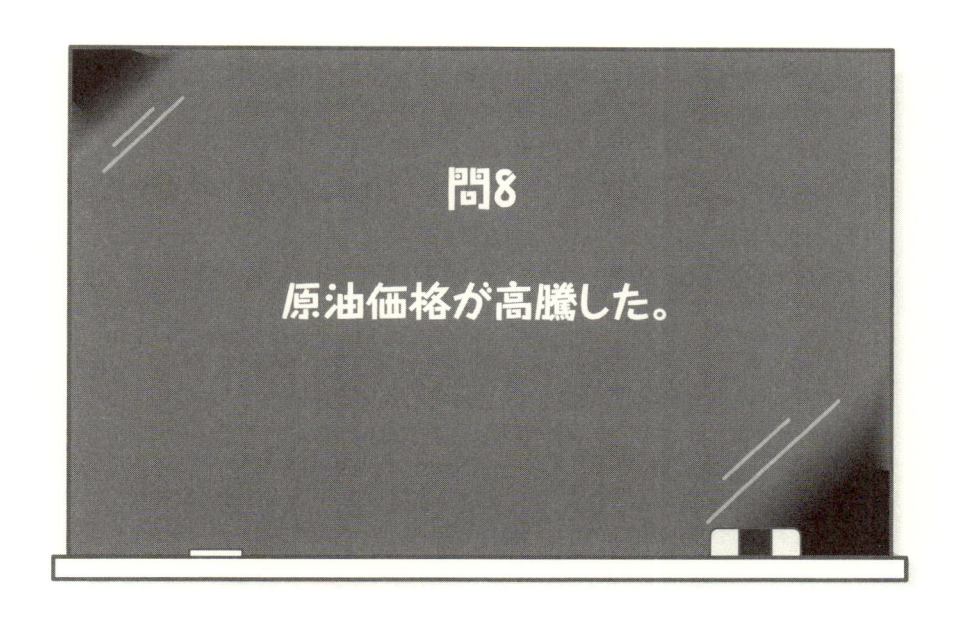

原油価格が高騰した。

MEMO

【解答と解説8】

　他商品市場の動向です。これもインフレを示唆する指標です。原油相場は天候や需給などさまざまな要因による一時的なぶれが大きく、このことがトレンドとしてのインフレにつながるかを見極めるのが難しいのです。原油価格の高騰だけでは、経済全体に影響を与える政策金利を動かすわけにはいかず、金利のトレンドを占うわけにもいきません。アメリカの物価指数でも原油価格などの燃料価格は食品価格とともに不安定（erratic）なものとして取り扱われています。もっとも原油は燃料だけでなく製品の材料ともなりますので、その高騰はインフレ要因のひとつであることには違いがありません。

　原油価格の上昇は基本的には円売り材料です。ひとつには日本経済が輸入原油に依存しているためにコスト高、競争力の低下を生むこと。もうひとつは実際の原油買いにより多くのドルを要するようになるためです。貿易黒字減少（赤字拡大）の要因ともなります。

　「原油価格の上昇」をとらえにくいもうひとつの要因に、商品相場がドル建てでなされていることがあります。例えば、ドルは商品やその他通貨の物差しにあたりますので、原油や金や円の背丈がそのままでも物差しが縮めば（ドルが安くなれば）すべてが伸びたように見えてしまいます。このとき原油価格だけに注目して、原油価格高騰の理由を探しても始まらないのです。

　この材料単独では為替相場を動かす材料としては弱く、そのパワーは1でしかありません。一般に材料が単純なものほどわかりやすく、その分パワーも強いのです。期間は仮需から実需まで巻き込みますので、紫、黄、赤のゾーンにまたがります。この材料も自分からは仕掛けません。レートがなだらかに動いているときはトレードを見送ります。間違って大動きしたときのみ、目先の反発を逆張りで取りにいきます。

【まとめ】
材　料：他商品市場の動向（インフレを示唆）
時間的：紫から赤
量　的：1
戦　略：基本的にはドル買いだが、間違ってどちらかに大動き
　　　　したときのみ逆張り
ひと言：材料が単純ではないためそのときどきで動き方が異なる

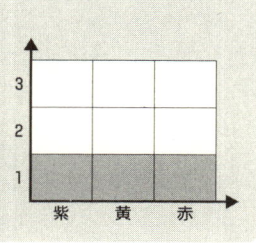

コラム　年金資産に外貨は必要か？

　年金資産にどれぐらいの外貨を組み込めば良いかをここでともに考えてみましょう。始める前に「円高は困る」という固定観念をまず捨てて下さい。頭の固い人に少し議論をふっかけてみましょう。議論のための議論ですので、自分に関係があると思われる方も冷静に言わんとするところを汲み取って頂ければ幸いです。

　基本的に通貨高はその国の富を底上げします。円高になれば円資産の国際的な価値が増加し、円の購買力が上昇します。円建で受け取る給与などの収入も国際比較でアップするのです。この給与アップがまさに輸出企業の国際競争力を低下させるのですが、一般の人にとっての円高の恩恵は直接的です。円資産を外貨に変えて買い物すれば誰にでも納得できることです。

　一方、円安の恩恵をもっとも享受できるのは外貨資産を持つ人です。外貨建の収入がある人です。また円安は企業にとって国際比較でのコストダウンになりますので、輸出競争力が増します。輸出企業が好調だと、原材料や燃料を提供する会社も潤い、産業界全体が活気づくでしょう。輸入品が高くなるので内需関連も競争力を得ます。景気が良くなり雇用が安定します。するとやはり、円安のほうが良いのでしょうか？

　ここで輸出企業に勤める人が、まったく資産も負債も持たず、給与だけで生活していると考えてみましょう。1割の円安は国際的に見た給与を1割下げられたに等しいと言えます。すなわち、円安で好調な会社から1割の給与アップを得て、はじめて彼の損益はとんとんとなると考えられます。しかし、そんなことをすれば彼の会社の円安メリットは相殺され輸出競争力がつかないでしょう。会社が潰れたりリストラされるよりは、1割の減収のほうが良いと考えるはずです。

　もし彼が円建の資産を持っていたなら、1割の円安は1割の減収の上に資産価値の1割を失うことになります。それでも会社が潰れるよりは良いと考えるでしょう。

しかし仮に輸出企業に勤める人がこういった考えを受け入れるなら、円安にならなくても輸出競争力が増す方法があります。すなわち1割の給与ダウンを受け入れるのです。コストダウンにより会社に利益を確保させるのです。もし彼が円建の資産を持っていたならそれでも1割の円安よりは失うものが少ないはずです。詭弁でしょうか？

実際の生活では通貨の変動がそのまま国内物価に反映されるわけではありませんので、円安による所得の低下はあまり実感されず、減給はもろに実感されます。加えてサービス価格の国際比較はほとんど無意味とも言えるでしょう。しかし、いまや世界はひとつながりになっており、通貨の交換も財の輸出入も簡単になってきています。先の議論が実際の生活に当てはまる度合いが増えてきているのです。

資産の1割を外貨建で持っている人を考えてみましょう。円高は1割の外貨資産の価値を下げ、残り9割の円資産の価値を上げます。いっぽう円安は彼の資産の1割の価値を上げますが9割の価値を下げるのです。どちらが得でしょうか？
円高になると困るのは資産の半分以上を外貨建で持ち、収入の半分以上を外貨で受け取る人です。日本人の圧倒的多数は、輸出企業に勤める人も含めて、円高のほうが豊かになるのです。
円安を叫ぶ輸出企業ですら、その円資産は円高によって増加します。外貨換算の株価や時価総額もアップしますので、外資の買収ターゲットに簡単にはなりません。すなわち彼らにとっては円安でも円高でも、使い方次第でメリットになるとは考えられないのでしょうか。円高の主因は貿易黒字であり、当局の無策ではありません。貿易黒字のおかげで円高になり、私たちは豊かになったのです。

このように考えると、年金資産を単一通貨で持つことには大きなリスクがあります。すなわち円高だと円資産の価値が増すのですが、自分の老後に必ずしも円高であるとは限らないからです。また円安になると決め打ちして外貨ばかりを持ち、円高になると、これこそ本当に困るのです。先の説明でも明らかなように、円高で困るのは外貨資産を持つ人なのですから。

老後を日本で過ごす私たちは、年金資産も円をコアにするべきでしょう。使う当てのある通貨で資産を持つのが基本と言えます。しかし、ロシアやアジアの通貨危機を見てもわかりますが、外貨保有はインフレヘッジになるのです。インフレとは通貨安と言い換えることができるからです。たとえ海外旅行などのあてがなくても、資産の幾分かは外貨建にするのが賢明だと言えるでしょう。
相場観や金利差などをあえて除外し、バランスのとれた資産という観点からものを考えますと、私は資産の3割から4割は米ドルを中心とした外貨で持っても良いと思っています。

問9

金価格が高騰した。

MEMO

【解答と解説9】

　他商品市場の動向です。原油価格と似たようでいて異なるのが金価格です。原油とのもっとも大きな違いは見るべき実需がないことです。したがって金価格の上昇がインフレにつながることや貿易収支に変化を与えることは考えなくていいのです。むしろ先にインフレがあって後に買われるのが金です。したがって金利にも直結しません。

　金の大きな特徴は通貨の代替機能です。インフレとは通貨の価値の低下ですから、インフレが始まったり、その懸念があったりすると、通貨安のヘッジ、すなわちインフレヘッジとして金が買われるのです。その意味では、金価格の高騰は通貨システムに対する警鐘と受け取ることもできます。ドル建てである金価格の高騰が間違いなく表しているのはドル安です。しかし、これもドル下落の結果として金価格が高騰しているのですから、今後のドルを占うことはできません。

　この材料も単独では為替相場を動かす材料としては弱いといえます。パワーは1です。金の高騰は通貨システムに対する漠然とした不安もあるでしょうが、システムが揺らぐときは、ドルや円を含んだ変動相場制そのものが問われますので、ドル円相場に影響を与える期間も限定的、紫のゾーンです。この材料も自分からは仕掛けません。大きく動いたときに、目先の反発を取りに逆張りします。

【まとめ】
材　料：他商品市場の動向
時間的：紫
量　的：1
戦　略：どちらかに大きく動いたときのみ逆張り
ひと言：為替相場の材料としては複雑で弱い

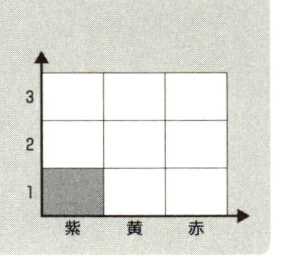

問10

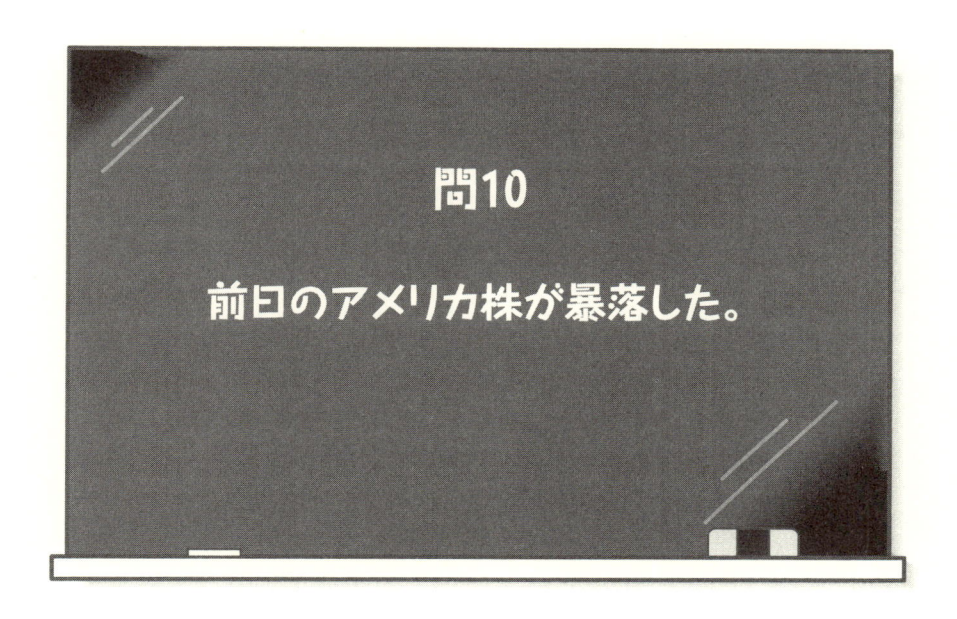

前日のアメリカ株が暴落した。

MEMO

【解答と解説10】

　他金融市場の動向です。暴落の程度にもよりますが、前日のアメリカ株の動きは必ずしもアメリカ株のトレンドを表すものではありません。したがって、このような材料はその日の売買の動機づけにすぎないので、期間としては紫のゾーンです。またアメリカ株の動向が為替相場に直結するわけではありませんので、パワー的にもとりあえずやってみる程度の1のゾーンです。

　アメリカ株の暴落はアメリカ売りを連想させますので、まずはドル売りから入ります。しかし、アメリカ株の影響をより大きく受けるのは、外為市場ではなく、日本株市場です。こちらも売り先行から始まることが予想されます。日本株が売られると、今度は日本売りが連想されてきます。これはドル買い円売りとなります。この材料では、まずは軽いタッチでドル売りから入り、頃合いをみてドル買いに転じることになります。あまり大きな材料ではありません。

【まとめ】
材　料：他商品市場の動向
時間的：紫
量　的：1
戦　略：ドル売りから入り、ドテンで倍返ししてドル買い
ひと言：他市場の動向は関連性が高いものほど同調した動きをする

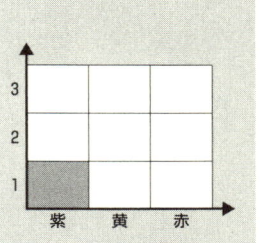

問11

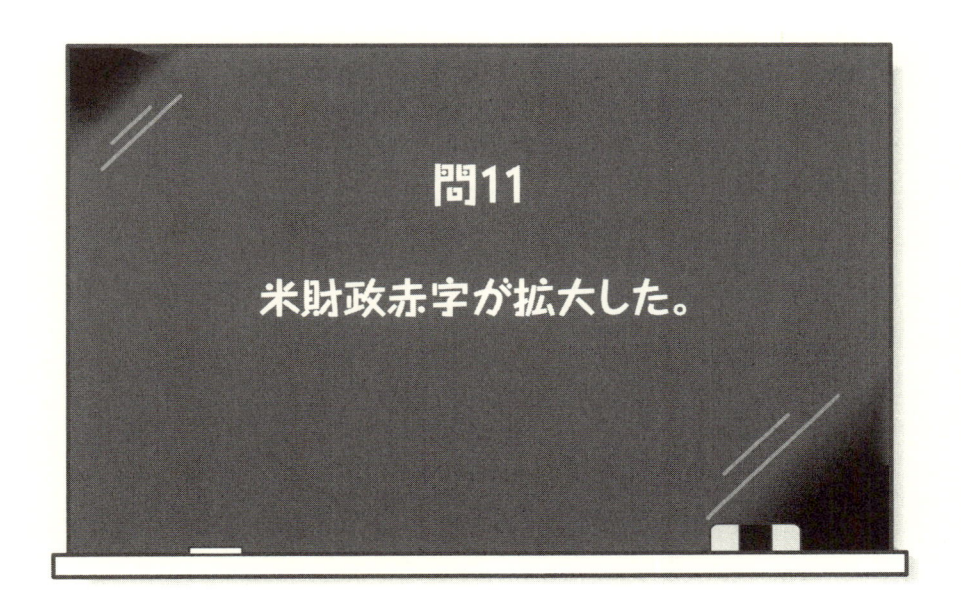

米財政赤字が拡大した。

MEMO

【解答と解説11】

　広い意味での経済指標です。２００４年現在のアメリカはいわゆる双子の赤字に苦しんでいます。ひとつが経常赤字で、もうひとつがこの財政赤字です。経常収支では諸外国との実需がらみの資金の流れが見てとれます。財政収支は基本的に諸外国にとっては関係がない事柄です。しかし、投資対象としてのアメリカ、あるいは財務省証券（アメリカ国債）の信用リスクには関わってきます。財政赤字はドルの魅力を損なうのです。

　財政収支発表直後の動きはニュースに対しての反応ですから短期的です。しかし、ドルや財務省証券の魅力を損なうことは、中長期的な影響を伴ってきます。とはいえ、収支は変化しますので売り切り、買い切りのような長さはないのです。すなわち、グラフ上では紫のゾーンから時間をかけて黄色に移ります。パワー的にはニュースに対する反応の２から中長期的な影響を反映する１へと落ち着く感じです。まずはドル売りから入ります。値が伸びたところをドテンで逆張りするのはこれまでのものと同じですが、戻りはもう一度売りにいきます。

【まとめ】

材　　料：広い意味の経済指標
時 間 的：紫から黄
量　　的：ニュースに対する反応の２から、中長期的な
　　　　　影響を反映する１
戦　　略：まずはドル売りで、ドテンの倍返しをするが、
　　　　　戻りはまたドル売り
ひと言：財政赤字はドルの魅力を損なう

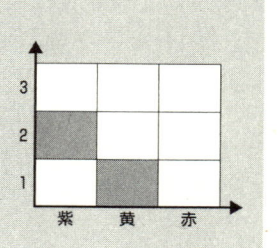

問12

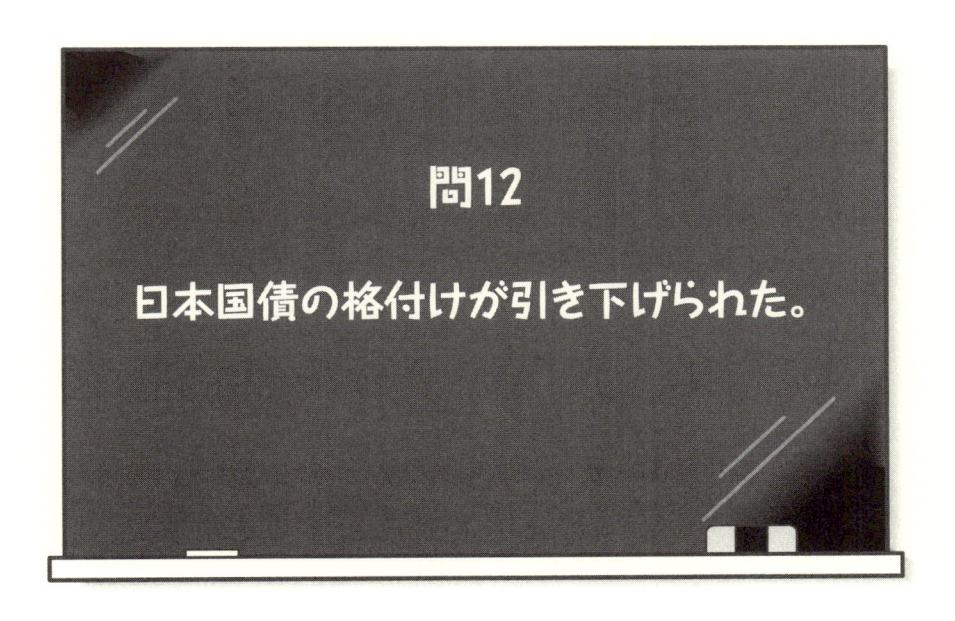

日本国債の格付けが引き下げられた。

MEMO

【解答と解説12】

　これも広い意味の経済指標でしょう。前の材料の裏返しです。日本国債の格付けが下がると、円の魅力が下がります。低金利のものの信用リスクが高まると、魅力は非常に乏しくなります。

　低利の日本国債に対する投資対象としての魅力はもともとあまりないので、中長期的な影響は無視できます。紫のゾーンです。また、この材料で積み上げているポジションは大きくないので、パワー的にも1のゾーンでしょう。まずはドル買い円売りから入り、値が行き過ぎた場合だけドテンで逆張ります。

《補足》

　【説明編】でもお話したように、相場は大きく分類すると、実需と仮需とからなっています。仮需である投機筋が材料視すれば、どんなことでも相場を動かす材料となってしまいます。そしてそのポジションが積み上がっていたならば、ささいなことであってもそれをきっかけとしてポジション整理の反対売買が起こることもあるのです。材料の性格からして考えにくいことですが、日本国債の格付けでも、それを材料に大きなポジションが積みあがっていたならば、格付け変化による当初の反応はポジション整理による紫の3となります。

　また、あまりにポジションが大きく偏っている場合には、どんな材料でも相場が動く場合があります。大きなポジションを抱えている人が不安を感じて閉じにくれば、そのことをきっかけに大動きすることもあるのです。市場参加者の9割以上が同じようなことを言い出したなら、もはや個々の材料は重要ではなくなってしまいます。

　相場ではまったく同じ材料でも、市場のポジション次第で売り・買い逆の反応になることがあります。このことを忘れてはなりません。好材料なのに売られてしまう「材料出尽し」なども、ポジションがすでに積み上がっていた結果なのです。

【まとめ】

材　料：広義の経済指標
時間的：紫
量　的：1
戦　略：ドル買い円売り
ひと言：低利で信用リスクの高い（信用がない）日本
　　　　国債は中長期の投資物件とはならない

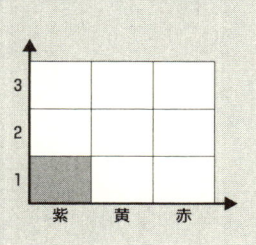

> **コラム　損は切るもの（儲けるためのコストだと割り切る）**

　著名なマーケットの魔術師である投資家W・オニールは、その著書「オニールの成長株発掘法」（パンローリング刊）の中で、「赤いドレスの話」として損切りの大切さを語っています（以下に引用）。

　ある意味、株式売買は自営のビジネスと同じである。投資はビジネスであり、ビジネスと同様の考え方で行うべきである。
　小さな婦人服のブティックを経営していると仮定してほしい。黄色、緑色、赤の三色のドレスを仕入れて店頭に並べている。赤いドレスは早々に売り切れ、緑は半分だけ売れて、黄色は全然売れなかったとする。そのときあなたはどうするだろうか？
　仕入れ担当者に対して、「赤いドレスは完売した。黄色には需要がないようだけれど、黄色のドレスはオシャレだと思うし、黄色は私の好きな色だから、取りあえず黄色をもう少し入荷しましょう」と言うだろうか？
　もちろんそんなことは言わないだろう！
　小売業で生き残っている賢明な業者は、この苦境を客観視してこう言うだろう。「完全に仕入れを誤った。黄色いドレスはやめたほうがよい。１０％値引きして売ってしまおう。もしその値段でも売れなかったら、２０％引きにしよう。さっさと資金を引き揚げて、売れ筋の赤をもっと仕入れよう」
　これが小売業における常識である。投資でもこれと同じことをやるべきだ。そうしない手があろうか？（竹内和己訳）

　引用文にあるように、W・オニールは、「相場の判断を間違えたとき、唯一すべきことはそれを正すこと」と言い、素早い損切りを勧めています。

　買った商品や銘柄、通貨が値を下げるのは、自分の間違いを相場が教えてくれているからとも考えられます。損は相場が自分の思惑とは違う方向に進み始めたときから、すなわち、市場価格が自分の買いコストを下回った瞬間から発生します。「売って損を確定しないうちは損ではない」などとは言えないのです。確定すれば実現損ですが、持っている間でも評価損という立派な損が存在しています。
　損切りにより損失を実現するのは嫌なものですが、アゲインストのポジションを抱えたままでいる評価損は実現損より性質が悪いのです。実現損は終わってしまった過去の損ですが、評価損はまだ生きています。どこまでも成長する可能性を秘めています。

プロのなかにはそれを逆手に取り、「俺が評価損を抱えているうちは首を切れないだろう」などと、けつをまくってしまう輩さえいるのです。
　評価損があると、大局的な相場観が当たってはいても、絶好の買い場で身動きがとれずに終わってしまうこともあります。評価損を抱えての買い余力はたかがしれていますし、ナンピン買いなどでポジションがパンパンに張っていたなら、もうお手上げでしょう。ただひたすら、元のレベルに戻ることを願うのみなのです。

　評価損でさらに恐いのは、ときに損の額が一投資家の耐え得る限界を超えてしまうことです。限界点は誰にでもあると思っていてください。いわゆる器量でしょう。プロなら自分の年収ぐらいでビビる人はいないとは思いますが、会社の半期の収益などという規模に及んだなら、相当のベテランでも縮みあがるものです。場数、経験によって限界点は自ずと上がってゆくのですが、必ずどこかにあるものです。
　損をこまめに切ることにより、いつも偏らない相場観、冷静な判断力を持ち続け、ここぞという買い場、売り場では１００％の力を残したままでいることができます。損切りを繰り返した断続した損が積み重なっても、持ち続けた連続した損に比べるとたかがしれているのです。何度も損を実現するのは嫌なもので、ふたたび相場に入るのは大変な気力を要するのですが、それによって平常心を保ち、傷つき過ぎない資金力を保つことができます。

　ロングなら「上げ」で儲け、ショートなら「下げ」で儲けという機会利益について突き詰めてみます。買いで下がって評価損を抱えたのなら、どこかで損切って売りに転じていたなら、逆に利益が上がっていたはずです。逆転の発想と言えるかもしれません。具体的にはドテン、倍返しです。先の例では、黄色いドレスを叩き売って、赤いドレスを仕入れることでしょうか。すなわち評価損を抱えた状態では、そういった機会利益をただ手をこまねいて見ているだけなのです。
　相場は売り買い一対で取引が成立します。考えようでは、参加者の半数は常に間違えています。過ちを起こさない人間などいません。相場は未来を読むものですから、思惑がはずれて損が出たり、思い通りに儲けたりするのは当たり前なのです。相場を間違えるのは恥でも何でもありません。損は出るもの。そして、損は切るものです。

　損切りのタイミングは、当初に価格のぶれを考慮して、ここを抜けたら損切ると決めたところを抜けた瞬間に行います。ここで躊躇してしまうと、アゲインストのポジションですら何らかの思い入れを持ってしまいがちです。ここのレベルまでは様子を

見てみようなどと、ずるずると損を大きくしてしまうのです。そして損の額が大きくなり過ぎてしまうと、今度は、こんな損はとても実現できないとなります。
　損切りの場所は、価格のぶれを考慮して支持線の外側に余裕を持って設定します。あるいは、中立である相場に自分の都合（コスト）を持ち込むのはあまり感心できないのですが、価格が自分の買いコストを何パーセントか下回ったなら、有無を言わせずに損切るというのも現実的な方法でしょう。
　損切りとは儲けるためのコストだとも言えます。損切りを早く、こまめに行ってコストを下げる。切った損はそれ以上には膨らみません。単純に考えると、１０回買うと、うち５回は値を下げます。ここで損切りさえ忘れなければ、５回の損の総額は限定されます。その損を自分の身を滅ぼさない範囲に抑えておけば、また勝負ができるのです。
　常に前向きでいましょう。１０回買うと、うち５回は上昇します。勝負は自分が潮の流れに乗れているときにするものです。

問13

日本株が底値を打った。

MEMO

【解答と解説13】

　他金融市場の動向です。底値を打ったのかどうかの確認はしばらく経過してからでないとわかりませんので、この材料は短期的ではありえません。また確認したつもりでも最安値を更新する可能性は常にありますので、長期的な材料でもありません。本来的にはそうなのですが、このようなニュースが出るときは単にニュースとしてだけ扱います。ニュースに対する反応はすべて紫のゾーンです。日本株の動きが為替相場と直結しているわけではありませんので、この材料だけのパワーは1です。

　ただし上昇トレンドが確認されると長期にわたって日本株投資の円買いが入ることになります。この場合は黄の1から時間をかけて2に上昇します。

　材料的には円の好材料ですので、誰かがこのようなニュースを流していると考えてドル売り円買いで攻めます。ひと勝負が終わったら、次の動きについて順張りで攻めます。

【まとめ】

材　料：他金融市場の動向
時間的：紫、トレンド確認されれば黄
量　的：まずは1、確信が高まれば2
戦　略：ドル売り円買い
ひと言：トレンドになれば中期的な円の好材料

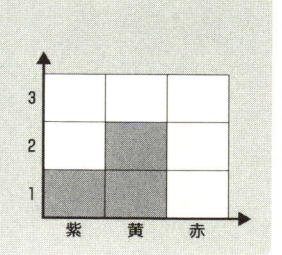

問14

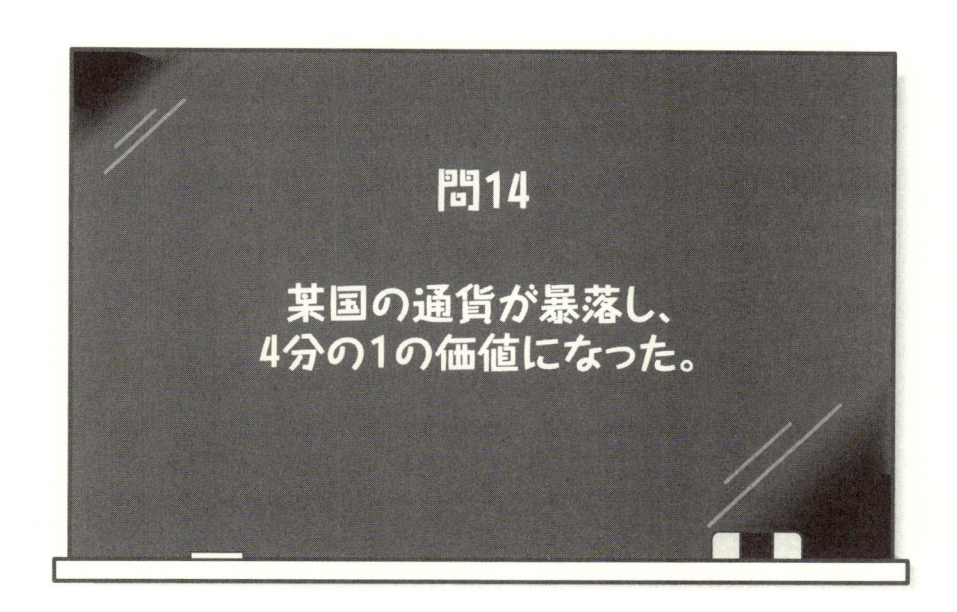

某国の通貨が暴落し、
4分の1の価値になった。

MEMO

【解答と解説14】

　同じ外為市場の出来事ですが、ドル円相場にとっては他市場扱いでいいでしょう。ニュースが与えるショックは一過性ですので、紫のゾーンです。この場合、安全だと思われる通貨が買われるのですが、その意味ではドルも円も買われます。パワーも相殺されそうなものですが、ドル買い円買いが同時に入ることはありませんので、値動きの荒い展開となります。

　ドル円レートにとっては、どちらがより強く買われるかが重要です。一般的には政治的、地理的に遠いところの通貨がより安全とみなされます。アメリカ大陸の通貨が暴落した場合は円が買われ、東アジアの通貨が暴落した場合にはドルが買われるのが基本です。しかし暴落した通貨を持つ国では、ドルを持っていた人だけが通貨危機の外側にいることができますので、長い目でみればドル選考が高まります（黄のゾーン）。世界一の軍事力、世界一の経済、世界一の市場をバックグランドに持つドルは危機に強いのです。

　まずは基本どおりにアメリカ大陸の通貨危機にはドル売り円買い、東アジアの通貨危機にはドル買い円売りで攻めてみます。しかし、もともと連想ゲームにすぎず強い根拠があるわけではありませんので、反発も強いとみて、ポジションは早めに閉じるようにします。片サイドからしか入らない、ドテンで上げ下げ両方取りにいく、どちらでもいいのですが、フットワークを軽くすることを心がけます。

【まとめ】

材　料：通貨危機
時間的：紫から黄
量　的：ニュースには3。中期的には2
戦　略：地理的、政治的に遠い通貨を買う。フットワークを軽く回転を効かせる
ひと言：当初は荒れた動き。長い目でみればドル選考が高まる

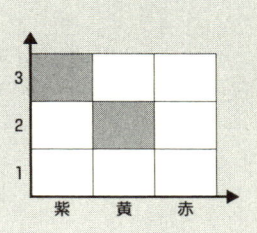

問15

ユーロが解体した。

MEMO

【解答と解説15】

　ユーロはヨーロッパ諸国が集まって政治的に作り上げた通貨です。したがって、政治的に混乱したり、あるいは統合を支えている経済的な裏付けがなくなったりすれば解体することもあり得ます。しかし、現状のユーロは唯一ドルと対抗できる通貨であることから、万一の解体の場合にはドルが買われ、結果として円売りとなります。

　この材料が現実のものとなれば、現在の外為市場のもっとも大きなニュースのひとつになりますから、その影響は短期だけでは収まりません。紫のゾーンから、黄色、赤のゾーンにも及ぶでしょう。パワーは3、3、2、あるいは3、2、2になると考えます。

　この材料では徹底的にドル買いで攻めます。売買の回転が不得意な人は、ドル円のロングを持ったままにします。

【まとめ】

材　料：通貨危機
時間的：紫から黄、赤
量　的：3、3、2
戦　略：徹底的にドル買い
ひと言：ユーロは唯一米ドルと対抗できる通貨なので、
　　　　その崩壊はドル買い

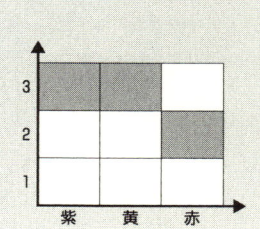

問16

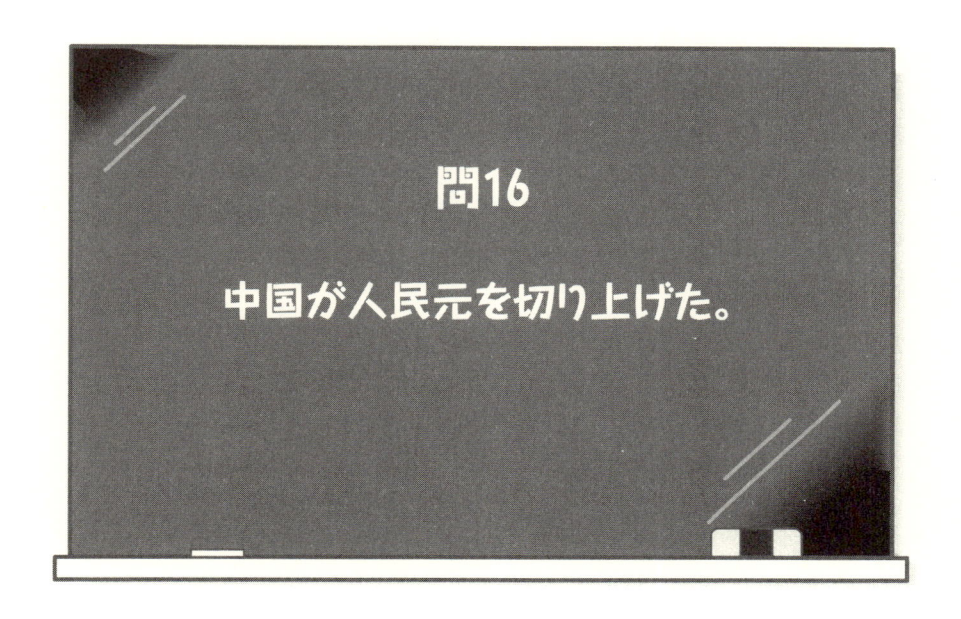

中国が人民元を切り上げた。

MEMO

【解答と解説16】

　この材料も外為市場内の出来事ですが、前の2つとは違い通貨危機を表してはいません。まずはニュースに対しての一過性の反応があり、その後は新レートの影響がじわじわと出てきます。グラフ上では紫の3から、黄の1、赤の1へと移行します。

　ドルと連動している元の切り上げはドル安です。これはドル安円高を連想させますので、まずはドル売り円買いで攻めます。一過性の動きの後は投機筋のポジション整理によって必ず反発しますので（投機の限界は時間。投機のうちでも日計りが量的にもっとも多いので数分から数十分で多くのポジションが閉じられる）、値が伸びきったところはドテンの倍返しをします。その後、ドル高円安に振れますと、元高円安ともなりますので日本の貿易黒字は拡大します。すなわちドル安円高の芽を育てます。実はそういった変化は徐々にしか進まないのですが、投機筋は先読みしますので、頃合いをみてドル売り円買いのポジションに入れ替えておきます。

【まとめ】
材　料：他通貨動向
時間的：紫から黄、赤
量　的：3、1、1
戦　略：ドル売り円買い、倍返しの後、戻りをもう一度ドル売り円買い
ひと言：対ドルでの通貨切り上げは、ドル売り材料

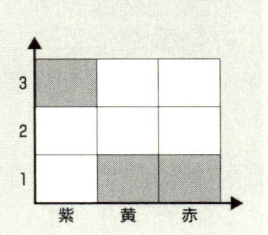

問17

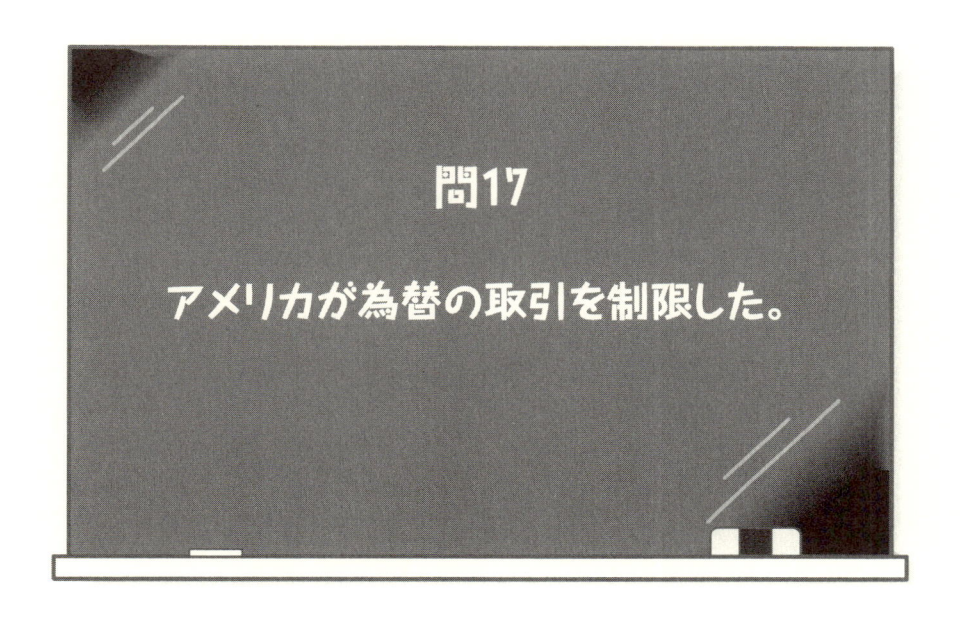

アメリカが為替の取引を制限した。

MEMO

【解答と解説17】

　本格的な取引規制の場合には、取引そのものができない場合がありますので、打つ手はありません。マイナーな規制の導入や緩和は見逃されることが多いので、それだけでは大きなニュースだとは理解されず短期的な影響は少ないといえます。グラフでいうと紫の1になります。しかし、規制の強化は実際の取引をやりにくくさせます。その規制の深刻さによっては、黄から赤へ、パワー的にも2から3へと上昇する恐れがあります。

　マイナーな取引制限というとピンとこないかもしれません。具体的に言うと「投機的な動きを牽制する」「マネーロンダリングを監視する」「テロ資金と疑わしき口座は封鎖する」などが挙げられます。これらの規制強化によっても為替取引の自由は制限されます。そして、犯罪に絡むわけではなくとも、規制強化を嫌う華僑や印僑、ユダヤ、アラブ、亡命者といった国境を嫌う資金は匿名性や、すぐにでも資金を引き上げたり売買できる流動性を求めていますので、規制が強化された通貨からは流出します。9・11テロ後の規制強化でも、オイルマネーを含めて大量の資金がドルからユーロへ流れました。

　この材料をもとにトレードすることは難しいと思います。中長期的なドル安要因が加わったことだけを頭の中に入れておきます。

【まとめ】

材　料：規制強化
時間的：黄から赤
量　的：深刻なら2から3
戦　略：様子見
ひと言：中長期的なドル安要因だが動きにくい

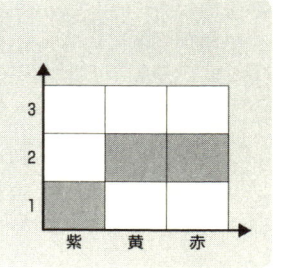

問18

日本が為替の取引を制限した。

MEMO

【解答と解説18】

　これも前述と同じで、中長期的な円安要因が加わったと理解しておきます。当初のニュース的な価値では紫の1になります。しかし規制の深刻さによっては、黄から赤へ、パワー的にも2から3へと上昇する恐れもあります。

　前述の問題との違いは、米ドルが不便になってもほかの代替通貨を探すのが困難なのに対して、円が不便になれば簡単に見捨てられることです。したがって、まずはドル買い円売りから入り、実需の流れに注意しながらもポジションをキープします。規制の強化はその通貨の魅力を削ぐといえます。

【まとめ】

材　料：規制強化
時間的：黄から赤
量　的：深刻なら2から3
戦　略：ドル買い円売り
ひと言：規制強化はその通貨の魅力を削ぐ

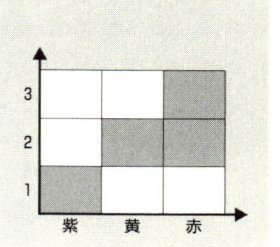

問19

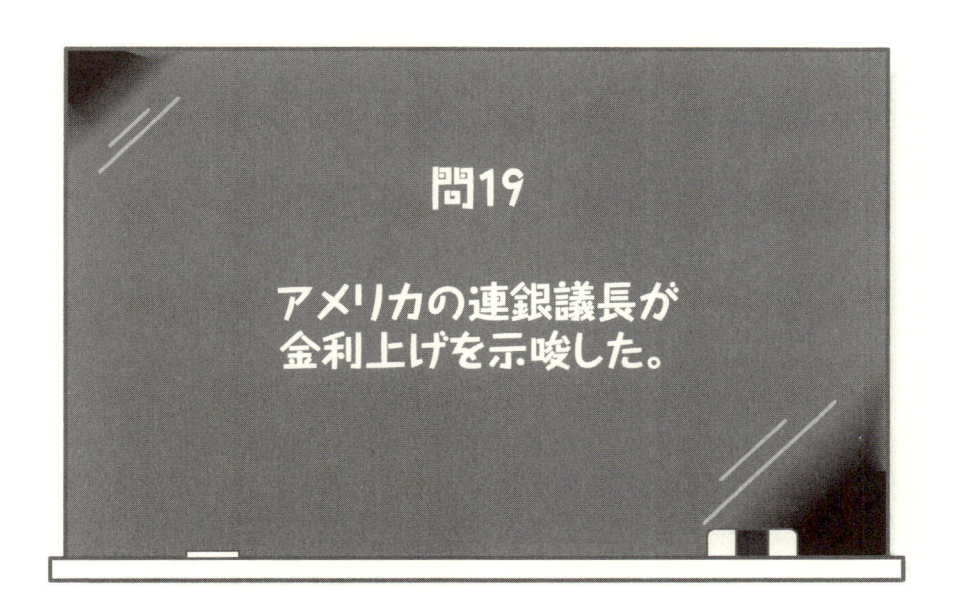

アメリカの連銀議長が
金利上げを示唆した。

MEMO

【解答と解説19】

　要人のコメント、あるいは金融政策の材料です。冒頭の質問を思い出してください。「しばらく円高局面が続いたある日、アメリカの連銀議長がはじめて金融緩和政策路線からの転換を示唆しました。このことがドル円相場に与える影響をグラフの升目にしるしをつけて示してください」。ここではヒントに「この材料では通常２段階の影響が考えられます」とし、この材料は瞬間的に大きな力を発揮した後に、じっくりとボディーブローをきかせてくる効果を持つとふれました。

　あるヘッジファンドが為替投機でＡ通貨を買いたいとします。このとき、ヘッジファンドはＢ通貨を借りてきて「Ｂ通貨売りＡ通貨買い」を行います。面倒なようですが、はじめからＡ通貨を借りてしまえば外為市場を経由しませんので為替投機とはならないのです。

　上記の例からわかるように、ドル円で円を買いたいときはドルを借りてきて、ドル売り円買いを行います。そのときの為替レートが、後に反対売買したときの為替レートよりも円安であれば、買った円が上昇したことになりキャピタルゲインを得ることができます。

　このとき借りたドルの金利より、買って運用している円の金利が低い場合には、金利での運用損が出ます。それでもそのような取引を行うのは、金利での損失よりもキャピタルゲインのほうが大きいと考えているからです。とはいえ、金利での損失は確実に出ます（キャピタルゲインはどうなるかわかりませんが）。このときに借入金利が上昇すると、確実に損失の額が大きくなります。その損失を埋めるためにはより大きなキャピタルゲインが必要となるのです。

　ドル金利の上昇はそれ自体がドル買い材料です。アメリカの金融緩和がしばらく続き円高局面が継続しているときに、ドル金利の反転を示唆されると、当然ドル買いが入ります。前記のようなドルショートを持っていた人たちは金利とキャピタルロスの両方で痛手を被ります。このような場合は早く見切りをつけた人の損失がもっとも少なく、耐えれば耐えるほどほかの人のショートカバーによる相場の上昇で損失を拡大してしまいます。相場は困る人が多くいる方へと動きます。相場環境の急変に困る人が多いほうへと大動きするのです。事

情は常に意欲に優先されます。ひとことでいえば、大きく積みあがっていたドル売り円買いのポジションがあっという間に閉じられます。

　ニュースに対するこういう動きは素早く激しいものですが、長続きすることはありません。ドルショートのポジションがカバーされるまでの間の出来事です。グラフでは紫の3のゾーンにきます。そしてその後に残るのは、金利差が拡大したという事実、あるいはいつ再拡大するかもしれないという恐怖で、今までのように簡単にはドルショートがふれなくなります。また、金利差を求めて今度はドルロングで入る人も出てきます。しかし、こういったものはいきなり盛り上がるというものではなく、徐々に積みあがる性質のものです。したがって、グラフでは黄の1というゾーンになります。

　この材料でのトレードは素直にドル買い円売りで入ります。一気に大動きすることが多いので、簡単には利食わず、利益の8〜9割は放出する覚悟でドルロングを持ち続けます。大きく跳ねた高値から半値近く戻し、もう1度高値を狙った後で（2番天井）、上に伸びずに下げ始めたらなら、そこではじめて一勝負がつきます。1年に何度もない大勝負の場面です。

【まとめ】
材　料：金融政策
時間的：政策転換時は紫、以降は黄
量　的：転換時は3、以降は1から2
戦　略：転換時は素早くドル買い円売り、二番天井まで待って、抜けない時は利食い
ひと言：金利のトレンドは長いので積み上がったポジションも大きい。トレンドが転換すれば遅かれ早かれポジションもカバーされるので、機先を制して動く

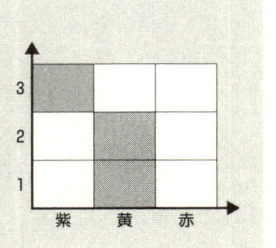

コラム　固定相場の仕組み

　2つの通貨を1対1に固定するには、需給の調整をはからねばなりません。例えば、高速道路で上り線と下り線の交通量を同一にするような調整が必要です。上りが55台通ったから、下りも55台通して後の車は並ばせておくのです。

　下りの車が増えてくると、需給バランスをとるために誰かに上り車線を走ってもらうことになります。この場合の下りが実需で、上りの多くは仮儒というわけです。仮儒を呼びこむにはコストがかかります。ガソリン代を負担したり、運転手に日当を払わねばなりません。この支払いは下り車線を利用する実需から徴収します。通貨の場合では仮儒である投機筋に金利を差し上げます。その高金利負担は実需の背景である経済全体で背負います。あるいは介入という形で、政府の車に上り車線を走らせます。どんな形ででも需給のバランスがとれている限り、レートの変動は防げますので固定相場が守れます。

　為替の固定相場が機能するには経済の規模に比べて通貨の需給が小さい必要があります。上下線の交通量の差が小さければ、また差は大きくても絶対量が小さければ、大きな経済にとっては深刻な負担とはならないでしょう。旧共産圏の通貨が長らくまがりなりにも固定相場でいられたのには、そういった背景があります。もっとも崩壊前の多くの共産圏の国ではバーターや闇のレートが横行し、「交通量の少ない道路は政府がつくったものだけ」という状態になっていました。

　技術の進歩による情報化の進展、経済のグローバル化の進展が共産圏の崩壊を促したように、通貨の交通量が膨大になったり、また上下線の需給バランスが大きく崩れるといつまでも固定相場は保てません。それでも中国の場合は、経常黒字や中国投資という元需要に対する対応、すなわち元買いに対する元売り外貨買い対応ですから、外貨準備を増やすという形で対応し固定相場を保っています。このまま同じ方向の対応が続くと中国の人々は元高がもたらすはずの豊かさを実感することなく（いつまでも労働コスト＝国際比較での給与が低いままで）、政府の外貨保有だけが増えていきます。もっと困るのは逆方向に対する対応で、元買い外貨売りという介入資金は外貨保有がなくなった時点で底をつきます。

　中国がどのようなシステムを採用するのかはわかりませんが、完全変動相場制が2国間の経済成長やインフレ、コストのなど差異を自動調整するもっとも優れたシステムだと思います。

問20

フェドファンド（FFレート）が
引き上げられた。

MEMO

【解答と解説20】

　金融政策の材料です。前問題との違いは示唆ではなく、実際の行動です。相場は常に先を読もうとしていますので、「うわさや示唆がニュースや実現という形をとる」ときにはすでに織り込まれていることが多いのです。金融政策や金利の材料はトレンドとして長く続くことが一般的ですので、相場に与える影響は2段階で考えます。まずは、ニュースに反応する短期的な動きなので紫のゾーンです。パワー的には2から3になります。次は、金利差拡大という事実に対応していく動きなので、黄のゾーン。パワーは金利差が拡大していくにつれて1から2に上がっていきます。

　素直にドル買いから入るのが基本です。しかし、いったん材料が出尽くすと売られることもありますので、そのときは素直に損切って、倍返しで下を攻めます。もっともドルの好材料であることには違いありませんので、いずれ反発することを見越していることが大切です。

【まとめ】

材　料：金融政策
時間的：政策転換時は紫、以降は黄
量　的：転換時は3、以降は1から2
戦　略：素直にドル買い。材料出尽くしで売られるときはついていく。値が伸びたところを倍返しでドル買い。
ひと言：ドル買い材料でも実現すると売られる恐れがある。しかし実現を待って動く人もいるので、下げ止まったならドル買いが入る

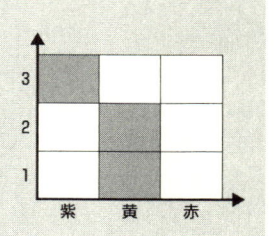

問21

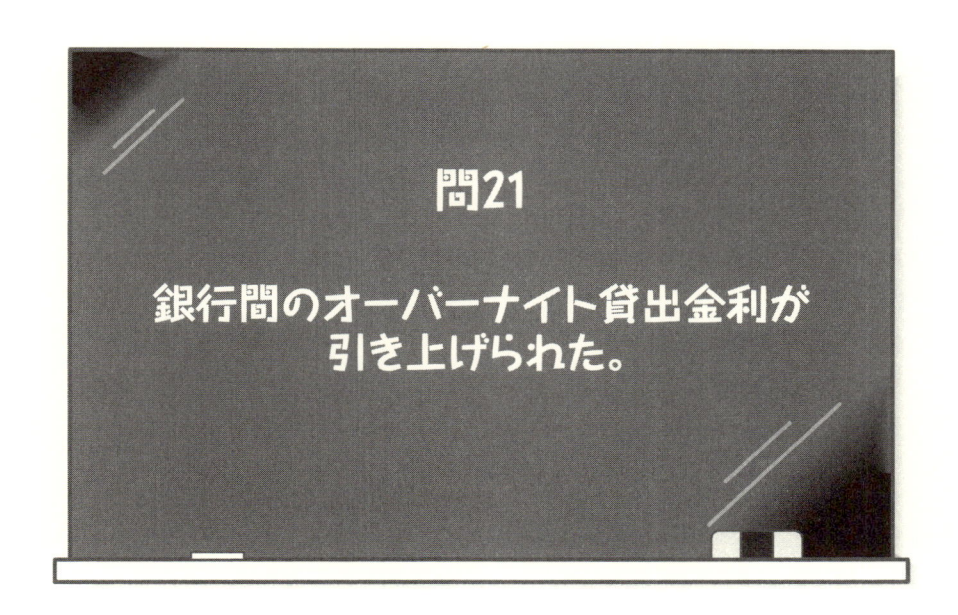

銀行間のオーバーナイト貸出金利が
引き上げられた。

MEMO

【解答と解説21】

　前問題のフェドファンド金利（ＦＦレート）が上がると、銀行間のオーバーナイト貸出金利も上がりますので、基本的には前と同じ問題です。フェドファンドは政策金利、貸出金利は市中金利、次問題の債券の金利は市場金利といわれています。

　時間的には金利のトレンドにもれず黄のゾーンです。パワーは高金利を求めての意欲による積み上げが増すにつれて、１から２となります。

《補足》

　投機筋が反応する材料のパワーには季節要因もあります。クリスマス休暇の１２月や夏休みの８月には、通常大動きするような材料にもほとんど市場が反応しないことがあります。価格の振幅（ボラティリティ）は投機筋が作っていますので、投機筋が休んでいる時期には値動きもおとなしくなります。

【まとめ】
材　料：金利動向
時間的：黄
量　的：１から２
戦　略：ドル買い円売り
ひと言：金利高はその通貨の割安感を高めるので基本的には好材料

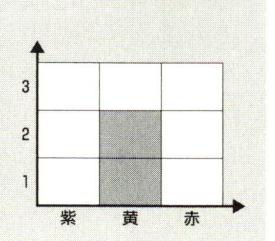

問22

USトレジャリー10年債が暴落した。

MEMO

【解答と解説22】

　他市場の動向になります。政策金利は短期の調達金利と連動し金利の方向性を決めますので、政策金利が上がると長期の市場金利も上がる（債券価格が下落する）ことが多いのです。しかし、期間がずいぶん違いますので、必ずしも１００％同じ方向へ動くとは限りません。債券価格は運用者の思惑による需給の影響をより強く受けるのです。また外為市場でも短期金利の扱いとは違った対応をする必要があります。

　高金利は通貨の魅力を高めますが、金利の上昇とは債券価格の下落を意味しますので、金利上昇中の債券を買うと債券価格の下落で大損してしまいます。債券とは、高金利のものが金利低下していくのを買うものなのです。したがって、金利上昇中の債券からは売り物が出ることもあると想定しておかなければなりません。とはいえ、金利を取ることを目的とする債券投資家の損切りは遅れがちで、量的にも為替投機の反対売買に飲み込まれてしまいます。この材料だけでは紫の１です。また金利差拡大を取りにくく第２段階のパワーも、金利が再反転するまでは小さく、黄の１にとどまります。

　米市場金利上昇だからと、この材料だけで安易にドル買いをするわけにはいきません。米市場金利上昇が米株安につながると、むしろドルは売られます。アメリカに対する信用が低下したと捉えられてもドル売りです。逆に債券から株式に資金流入という形をとれば、ドルを買っていいでしょう。債券が暴落するときは、通常それなりの理由がありますので、そちらの理由をトレードの判断に使います。何もなくて、ただ債券価格だけが暴落しているときは、とりあえずドル売りから入るか、何もしないでおきます。

【まとめ】
材　　料：他市場の動向
時間的：紫から黄
量　的：１
戦　略：様子見
ひと言：これだけで判断するのは危険

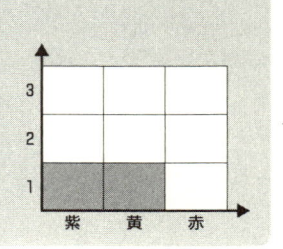

問23

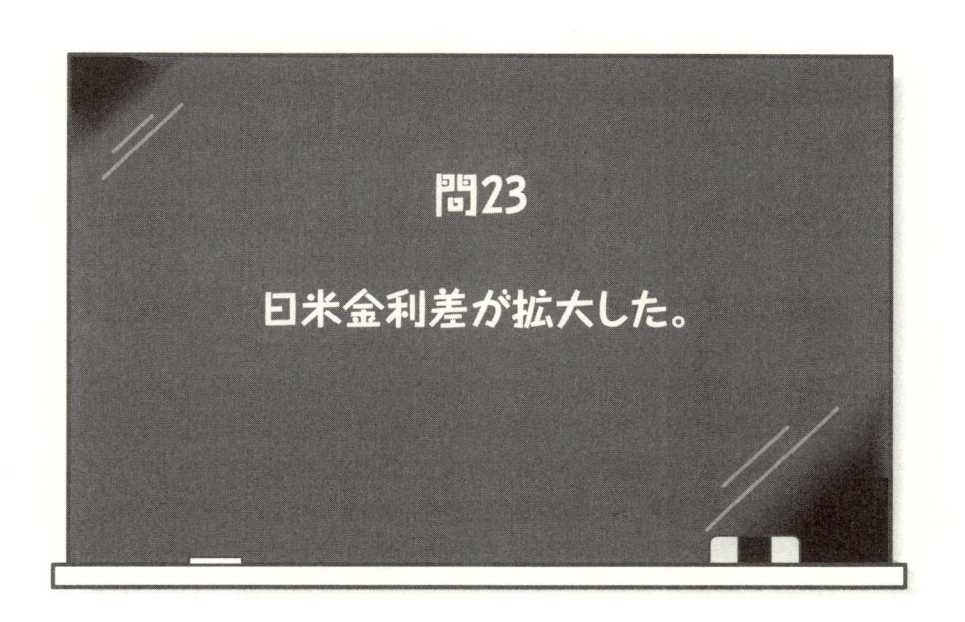

日米金利差が拡大した。

MEMO

【解答と解説23】

　金融政策の結果です。金融政策変更のニュースに対する動きは素早く激しいものですが、長続きすることはありません。それまで積み上げてきたポジションがカバーされるまでの間の出来事です。グラフでは紫の3のゾーンにきます。そしてその後に残るのは、金利差が拡大したという事実、あるいはいつ再拡大するかもしれないという恐怖で、今までのように簡単にはドルショートがふれなくなります。また、金利差を求めて今度はドルロングで入る人も出てきます。しかし、こういったものはいきなり盛り上がるというものではなく、中期的に徐々に積みあがる性質のものです。したがって、グラフでは黄の1というゾーンになります。金利差が拡大するにつれて黄の2へと上昇します。

【まとめ】
- 材　料：金利動向
- 時間的：黄
- 量　的：1。拡大するにつれて2
- 戦　略：ドル買い円売り
- ひと言：金利だけに注目すれば、低い方から高いほうへ資金が流れる

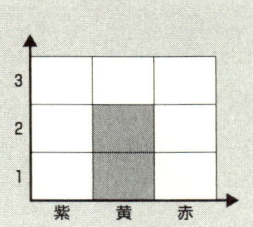

問24

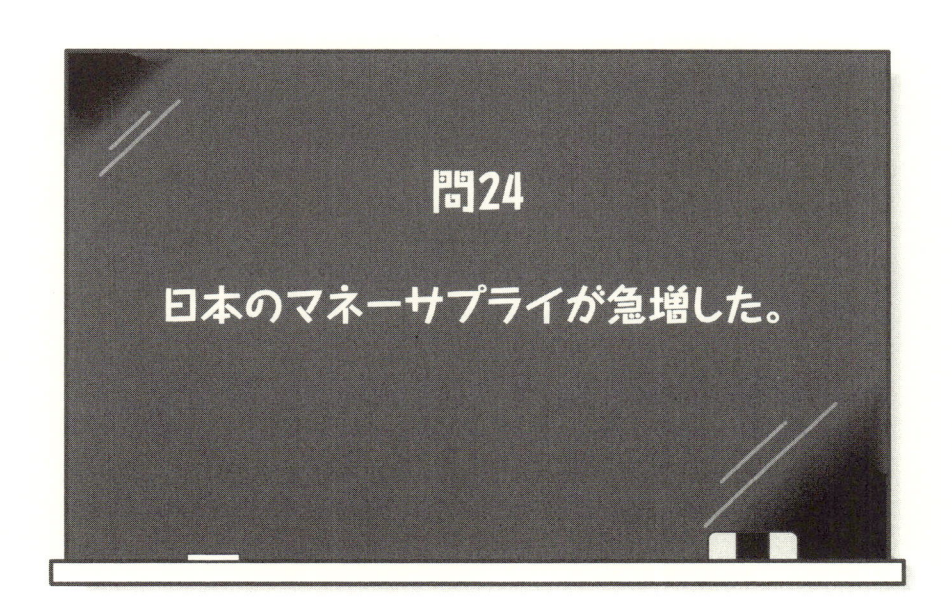

日本のマネーサプライが急増した。

MEMO

【解答と解説24】

　金融政策の材料です。マネーサプライの増加は金融緩和政策の示唆、あるいは金融緩和政策の結果です。金融政策の方向転換を示唆する場合を除いては外為市場でのニュース性は低く、期間としては継続する中期の材料、黄色のゾーンです。パワー的にも中期的に徐々に積みあがる性質のもので、1といえます。基本的にはドル買い円売りですが、これだけを材料にトレードするのは難しいでしょう。

【まとめ】
材　料：金融政策
時間的：黄
量　的：1
戦　略：様子見
ひと言：ドル買い円売りの材料だが、これだけでは動きにくい

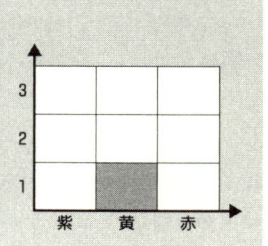

問25

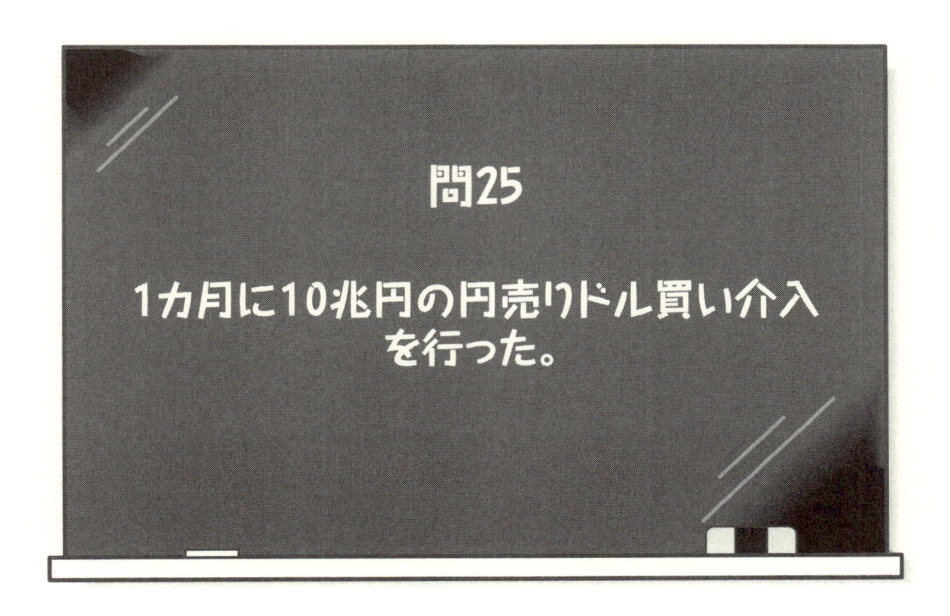

1カ月に10兆円の円売りドル買い介入を行った。

MEMO

【解答と解説25】

　市場介入です。直接の市場介入は単なる要人のコメントや金融政策よりも重みがあり、為替相場に与える影響も直接的です。当局の市場介入は市場に不足や余剰を生じさせ、そのカバー取引で相場は当局の意図した方向に動きます。当局の意図した方向に動かない場合は、当局の介入により不足や余剰が緩和された、あるいは投機筋がそれ以上のポジションを膨らませて当局に向かったのです。不足や余剰が緩和された場合には、当局により暴騰や暴落のスピードが抑えられたことになります。投機筋のポジションが膨らみすぎている場合には、そのポジションが閉じられるときの勢いが強くなります。また外為市場への介入は必ず他国の通貨が絡みますので、ある国が自国の都合だけで、ことに他国の金融政策にも影響を与えるような規模で行えるとは考えにくいのです。要人のコメントと矛盾するようなことがあっても、実際のオペレーションのほうを信じるべきでしょう。いずれにせよ、実弾は常に空砲よりも威力があります。

　市場介入の影響は紫→黄→赤というように、当局がそのポジションを抱えている限り続きます。実需を除けば、相場のトレンドにもっとも大きな影響を与え得る材料です。パワー的にも2から3と強く、けっして侮ってはいけない材料です。実需と当局とが同じ方向の場合は必ず勝ちます。当局が実需とも対抗している場合は、勝ち負けを繰り返すことになります。

　ドル買い介入があれば一緒にドル買いをします。しかし介入の初期段階では、介入しなければいけないほどのドル売り圧力があることを忘れてはなりません。頃合いを見て、早めに利食う必要があります。しかし度重なる介入は確実に投機筋のポジションを膨らませていきますので、徐々に介入での押し上げが効いてくるようになります。持ちこたえられない投機筋が出始めるためです。それにつれて利食いも引き伸ばすようにします。とはいえ、日本の経常黒字下でのドル買い介入は再び介入レベルまで押し戻されることを覚悟しておくべきでしょう。

　現状下でスムージング・オペと称してなされるドル売り円買い介入があれば、迷わず当局と行動をともにします。利食いも焦ることはありません。

【まとめ】
材　料：市場介入
時間的：紫から黄、赤
量　的：2
戦　略：基本は一緒にドル買い。介入初期ではすばやく利食う。すでに値が動いていることが多いので、その時は売り向かってもよい
ひと言：市場介入は投機筋のポジションを変えるが、効果が出るまでに時間がかかることが多い

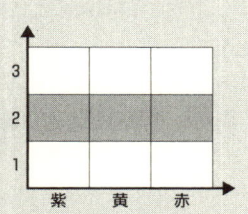

コラム　売り買いの判断

　相場は小さな判断の連続です。小さなことに、いちいち白黒をつけていきます。その小さな白点、黒点が集まって、ちょうど白黒写真のような全体像の映像が出来上がります。そこに情緒の色付けをすればリアルカラーの映像になるのです。そのとき判断するもの、機会が多ければ、画素の多い鮮明な画像となります。判断しない。判断できない。興味がない。受け付けない。そういったものが多く、自分で判断するものが少ないと、画像はぼやけたソフトフォーカス的なものにしかなりません。市場の外にも興味を示さないと、一部だけは鮮明だが、その周りはぼやけた不完全な映像しか得られないのです。

　運動能力の高い人とは、運動の中枢である脳の指示に、運動の現場（筋肉など）が正確に反応する人です。運動能力を高めるトレーニングとは、「現場」を鍛えるだけでなく、より正確な判断材料を脳に送り、伝達機関である神経などの中間組織の抵抗をできるだけ小さくすることです。

　中間組織の抵抗とは、脳からのスムーズな情報伝達を邪魔する何らかの障害や、副交感神経のように身体が身体を守ろうとする抵抗です。例えば、ボクサーが試合中に気を散らしたり、あるいは活発に腸に蠕動運動をされては動きが鈍るでしょう。また相手のパンチに無意識に目を閉じたり、骨や筋肉、腱をかばって無意識にパンチ力を手加減していたなら、なかなか効率的なファイトはできないものです。

軍隊のような強い組織は、運動能力の現場である兵士の判断基準を単純化させます。すなわち「上官の命令は絶対」のように、個々の兵士の判断を否定することで効率的な行動を実現させています。作戦本部の命令が、中間組織によって歪められたり遅らされたりすることなく、正確に迅速に末端の兵士にまで行き渡る部隊が強くなるのです。強い軍隊にする訓練とは、運動選手がその能力を高めるトレーニングに似たものなのです。
　現場の兵士は自ら判断する能力を奪われています。自ら白黒をつける必要がない、あるいはつけても無駄なものについては次第に関心が薄れ、どうでもよくなっていきます。おそらく最強の軍隊の兵士は局地的なものしか見ず、関心も持たず、非常にぼんやりした状態で戦っていることと思います。
　これは身体の組織や軍隊だけでなく、学校や会社や国家にも当てはまることです。組織が効率的に動くためには現場の能力を高めなければなりませんが、同時に現場にはどんな理不尽な命令でも従わせ、自ら判断する能力や意欲を奪い取る必要があるのです。犬の調教とまったく同じです。組織にいるときはエリートの人が、組織を離れた途端に無能になってしまうとすれば、彼は良き兵士であった（でしかなかった）ということなのです。

　相場は小さな判断の連続です。小さなことに、いちいち白黒をつけていきます。資金の運用者はひとりでいても組織の中枢と同じ働きを要求されますので、世の中をぼんやりと捉えていることは許されません。どんなことにでも興味を抱き、ささいなことにでも白黒の判断を下す必要があるのです。ましてや戦争のように個人から国家までも巻き込む大事件に目をつむるわけにはいきません。インターネットは組織から個人を解放する道具となりますが、自由となった個人はより大きな責任を抱え込んだことになります。
　このように考えていくと、個人と組織、あるいは個と全体とは対立する関係だとわかります。お互いが自分の効率を追及すれば、どこかで衝突してしまうのです。共存するにはどこかに妥協点を見つける必要があります。妥協という言葉が嫌いならば、調和と言い直しましょう。個と全体だけでなく、個と個、組織と組織、国と国でも、調和する気持ちがなければお互いを滅ぼしあう関係でしかないといえます。自分で判断し、自己責任を徹底して磨き上げられた個が調和し協力し合う、ＩＴ時代を生き抜くには、そんな関係が重要ではないかと思います。

問26

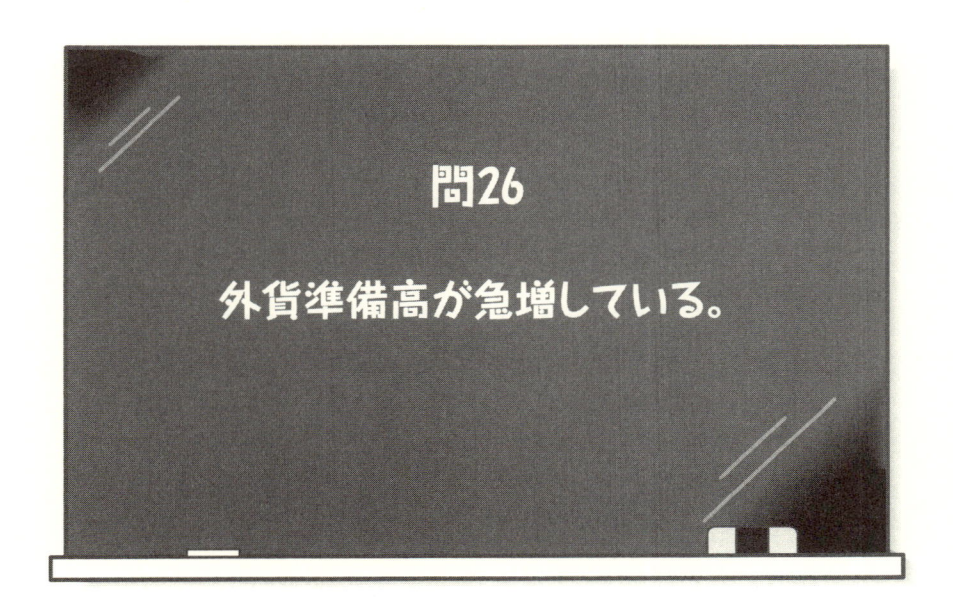

外貨準備高が急増している。

MEMO

【解答と解説26】

市場介入の結果です。ドル買い介入を行っても、どこかでドルを売り戻せば外貨準備は金利分しか増えません。それ以上に急増している場合は、当局の強い姿勢の表れです。このような場合は、一時的には市場介入が収まっていても、もとの介入レベル、あるいは相場として重要なレベルでは再度介入があると考えておいていいでしょう。

時間的には外貨準備を持ち続ける限りにおいて、黄から赤のゾーンに及びます。パワー的にも実需に匹敵しうる2になります。

この材料単独では動けません。

【まとめ】
材　料：金融政策
時間的：黄から赤
量　的：2
戦　略：様子見
ひと言：外貨準備が増えるのは経常黒字国なので、中長期的にはその通貨は強くなります

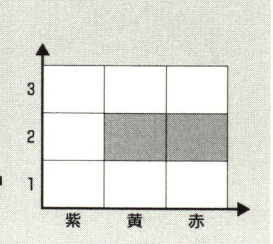

問27

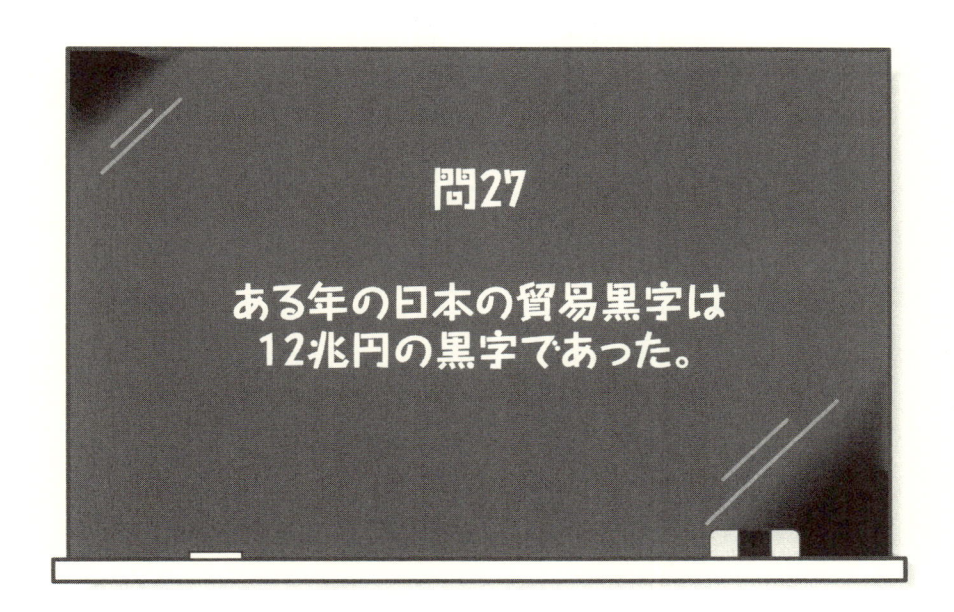

ある年の日本の貿易黒字は
12兆円の黒字であった。

MEMO

【解答と解説27】

　貿易収支は通関統計ですから、税関を通るモノの流れを集計しています。実際にその貿易でどれほどの収益が上がっているかは関係がなく、輸出金額が輸入金額を上回れば黒字、その逆は赤字となります。したがって黒字では外貨が流入し、赤字では円貨が流出します。外為市場では黒字では外貨売り・円買いが上回り、赤字では円売り・外貨買いが上回ります。

　すなわち、日本の貿易黒字は外為市場におけるネットの円買いを表しています。ドル建て貿易ならばそのままドル売り・円買い、その他通貨建てならばその他通貨売り・円買い（銀行間ではその他通貨売り・ドル買い→ドル売り・円買いとされる場合も多い）、円建て貿易の場合は貿易の相手が自国通貨売り・円買いを行います。いずれの場合にも円買いが入り、ドル円を押し下げます。

　【説明編】で繰り返し述べたように、貿易収支のような実需は相場のトレンドに大きな影響を与えています。そのときどきで相場観や為替相場を動かす材料が変化しているにもかかわらず、ドル円が３０年前の３分の１以下、２０年前の半分以下でしかないのはそのためです。日本は過去３０年以上にわたって貿易黒字を積み上げています。過去１０年に限りますと、当局による外貨準備の積み上げが貿易黒字の圧力を緩和している状態です。

　この材料はドリル編の始めで説明していますようにグラフ上の期間では赤、パワーは実需の量に限界があるため２となります。この材料は長期のものですので、目先の投機筋が短期的に利用でもしていない限りは、日々のトレードには使えません。とはいえ、この数値は輸入とネットアウトした後の輸出のドル売りオーダーの大きさを暗示しています（年間１２兆円なら１日当たり４８０億円）。そしてこのオーダーがはけるということは、投機筋のポジションがそのぶんだけドルロング・円ショートに偏ったことを暗示しています。

【まとめ】
材　料：通関統計
時間的：赤
量　的：2
戦　略：様子見
ひと言：材料が長期なのでトレンドを示唆するが、短
　　　　期的には動きにくい

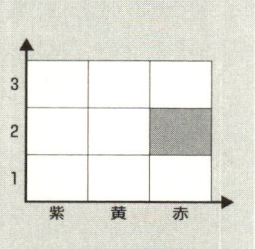

コラム　イメージトレーニング「良い時のビデオ」

　スランプに陥ったスポーツ選手が、自分の「良いときのビデオ」を見て、調子を取り戻したというような話を聞いたことがあると思います。一種のイメージトレーニングで、理想のフォームを回復するのに役立つのでしょう。しかし、そこで必然的に湧いてくる疑問に気づかれた人がいるでしょうか？

　あるバッターが、自分の「良いときのビデオ」を見て、再びがんがん打ち始めたとします。すると相手のピッチャーは打ち込まれて、調子を崩すことになるでしょう。その時、相手のピッチャーはどうするでしょうか？　彼もまた自分の「良いときのビデオ」を見て、理想のフォームを取り戻そうとするのでしょうか？　そうすれば、絶好調のバッターとピッチャーとが対峙することになります。その勝負はおそらく非常に興味深いものとなりますが、どちらが勝つかは蓋を開けてみないとわかりません。

　このとき、調子を回復したバッターに打たれたピッチャーが、自分の「良いときのビデオ」を見るだけではなく、相手の「良いときのビデオ」も見ればどうでしょう？　相手の「良いときのビデオ」は、すなわち自分が「負けたときのビデオ」です。ピッチャーが自分の勝った要因だけでなく、負けた要因をも分析し、同時に絶好調時のバッターに攻略できるスキを見つけたならば、勝負の確率を大きく自分のほうへ引き寄せること

ができるのではないでしょうか。むしろ自分の好調時のフォームが絶対だと信じているバッターは、スランプにあえいでいるバッターより単純で、討ち取りやすい相手かも知れません。なにしろ同じパターンしか繰り返してこないのですから。もちろん、好調時のフォームはほとんどの相手に通用するでしょう。そんなときに、相手の欠点を分析したピッチャーだけが、彼を攻略できるのです。

　敵を知り己を知るではありませんが、相場でも大事なことはテクニックだけではなく自分や相手を客観的に分析することなのです。機関投資家や金融機関に勤めるディーラーやファンドマネジャーがより恵まれているといえるのは、マスとしての投信、保険会社、銀行、証券、個人投資家などの行動パターンを分析しているだけでなく、競争相手や仲間を分析することによって自分の欠点にも気づかされるからです。また、新しい手法などの刺激にふれる機会も多くあります。情報面や装備についてもまだまだプロのほうがアマチュアより優位にあります。
　個人投資家でも、自分ひとりで実力をつけることは可能です。相場関係の本やチャートを片手にひとりで行うイメージトレーニング、あるいは、イメージトレーディングは効果があります。このパターンのときはああする、このパターンのときはこうすると、切磋琢磨して自分の力を高めることが勝負の基本です。実際に資金を運用すれば、なおさら自分自身の力はついてきます。しかし、ブルペン・エースや稽古場横綱という言葉が表していますように、いかに自分の力が卓越していても、相手のある勝負にはもうひとつ勝てないようなこともあるのです。原因は自分の力を過信するあまりに単調になっていること。そして、相手が自分（のような連中）のことを研究しつくしているためでしょう。
　とはいえ、相場でもっとも大切なことはリスク管理です。最悪の場合を想定しながらも、自分が管理できるリスクに絞り込んだなら、あとはポジションを取るだけです。リスクは動くときにだけ付いてくるのではなく、動かぬことも大きなリスクなのです。

問28

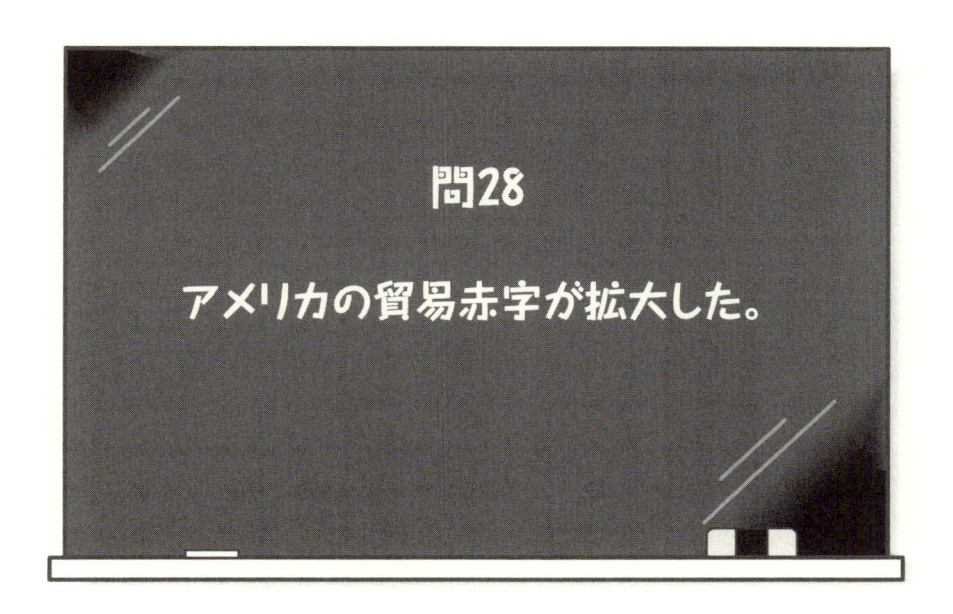

アメリカの貿易赤字が拡大した。

MEMO

【解答と解説28】

　アメリカの通関統計です。日本の貿易黒字とアメリカの貿易赤字では、どちらを見ても同じだと考える人がいるでしょう。ではアメリカが対アメリカ大陸諸国との貿易に貢献して貿易黒字となった場合を想定してください。日本の貿易黒字と、アメリカの貿易黒字、ドル円レートに影響を与えるのはどちらですか？

　アメリカの貿易黒字は外為市場におけるネットの米ドル買いを表していますが、同時に日本の貿易収支が黒字の場合はこちらはネットの円買いを表します。前問で解説したように日本の貿易が黒字である限り、ドル売り円買いが出ます。両方が貿易黒字の場合、米ドルは対その他通貨では強くなりますが、対円では弱くなります。すなわち、円の実需を知るには日本の貿易収支を見るだけで十分なのです。ドル円など円を見る場合は日本の貿易収支を、ユーロ・ドルなどユーロを見る場合はユーロの貿易収支を、ポンド・ドルはイギリスの貿易収支を見ます。ドル全体のイメージを持ちたい場合にはアメリカの貿易収支を見ますが、アメリカ大陸などとの貿易もありますので、それを考慮せずにドル円のイメージと重ねると大失敗する恐れがあります。

　したがって一見同じような材料ですが、ドル円相場に与える影響力のグラフではまったく違うものとなります。この材料は、日本の貿易収支と重なる部分以外は中長期の需給とは関係がなく、ただニュースとして盛り上がっているだけの紫のゾーンです。しかし投機筋が好んで取り上げる材料のひとつですから、パワー的には投機筋が材料視しているときには3にもなります。

　テレビや新聞の解説で注目材料にされているなど、投機筋が材料視しているときは型通りドル売りから攻めます。しかし材料視されていないときは、アメリカの状態や、日本の貿易収支を類推する参考になるだけですから、これだけをもとにしたトレードはできません。

【まとめ】
材　料：他国の通関統計　　戦　略：ドル売り円買い
時間的：紫　　　　　　　　ひと言：投機筋好みの材料
量　的：2から3

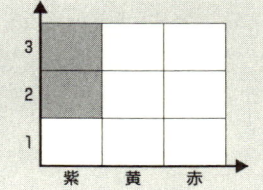

問29

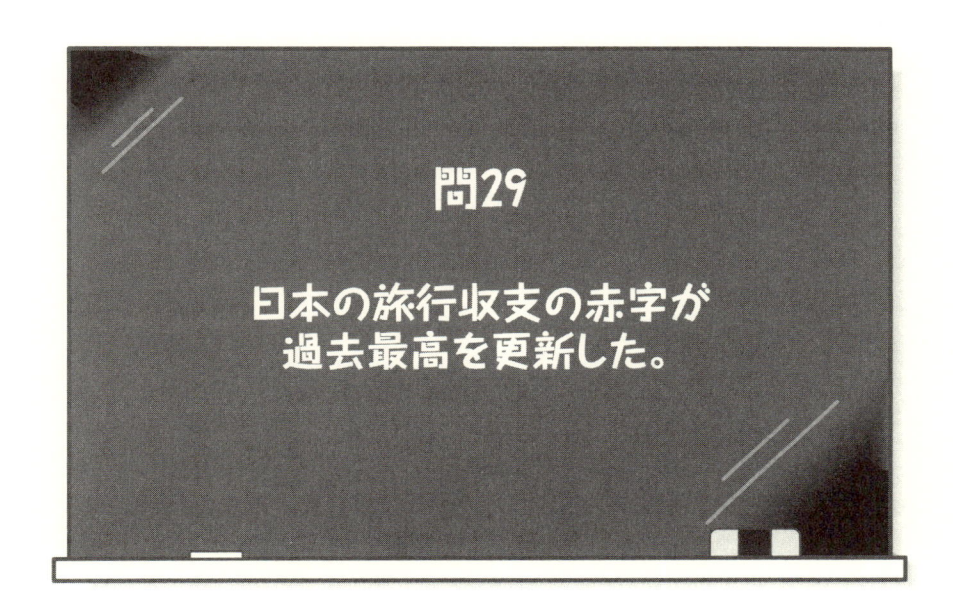

日本の旅行収支の赤字が過去最高を更新した。

MEMO

【解答と解説29】

　通関統計です。日本に来る外国人が落とす外貨（海外で円貨に換えていても同じ）よりも、日本人が海外で使う円貨（日本で外貨に換えても同じ）が上回れば赤字となります。これも貿易収支と同じ売り切り買い切りですから、【説明編】に詳しくありますように為替相場には長期的な影響を与えます。典型的な赤のゾーンです。しかし外為市場における量的な割合は低く、パワー的には１となります。
　この材料をもとにトレードを行うのは無理があるでしょう。

【まとめ】
材　料：通関統計
時間的：赤
量　的：１
戦　略：円売りドル買い材料だが、様子見
ひと言：量的に分散されパワーが低い

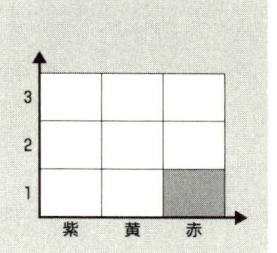

問30

日本の経常黒字が拡大した。

MEMO

【解答と解説30】

　貿易収支は物を伴った通関統計。経常収支はそれにサービスを加えます。経常収支は貿易収支を含んでいますので、仮に貿易黒字なのに経常赤字となれば、円を取り巻く現状の需給は逆転します。相場に対する影響力は貿易収支と同じで、赤のゾーン。パワー的には量的な限界があり2以上にいくことはできません。

【まとめ】
材　料：通関統計
時間的：赤
量　的：2
戦　略：円買いドル売り材料だが、様子見
ひと言：貿易収支よりも注目度が低い

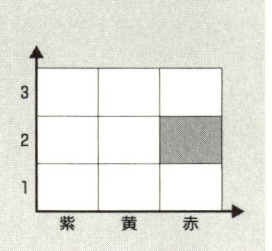

問31

日本のコンピューターメーカーがインドに大きな工場をつくった。

MEMO

【解答と解説31】

　直接投資と呼ばれるものです。工場設立時に円を送金すればドル買い円売りが出ます。外貨を借りて行えば為替はからみません。逆輸入すれば貿易黒字削減、あるいは貿易赤字の要因となります。収益を本国である日本に送金すればドル売り円買いがでます。直接投資は証券投資のように頻繁に投資や引き上げを行うものではありませんので、グラフでの期間のゾーンは黄から赤になります。パワー的には外為市場に与える量的なインパクトは低く1となります。

　この材料をもとにトレードを行うとすれば、当初に円の送金があったときに、一緒にドル買いをするくらいです。すぐに利食ってください。

【まとめ】
材　料：直接投資
時間的：黄から赤
量　的：1
戦　略：当初の送金がわかれば一緒にドル買い
ひと言：パワーに限界

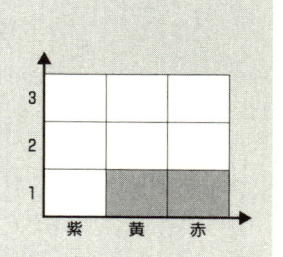

問32

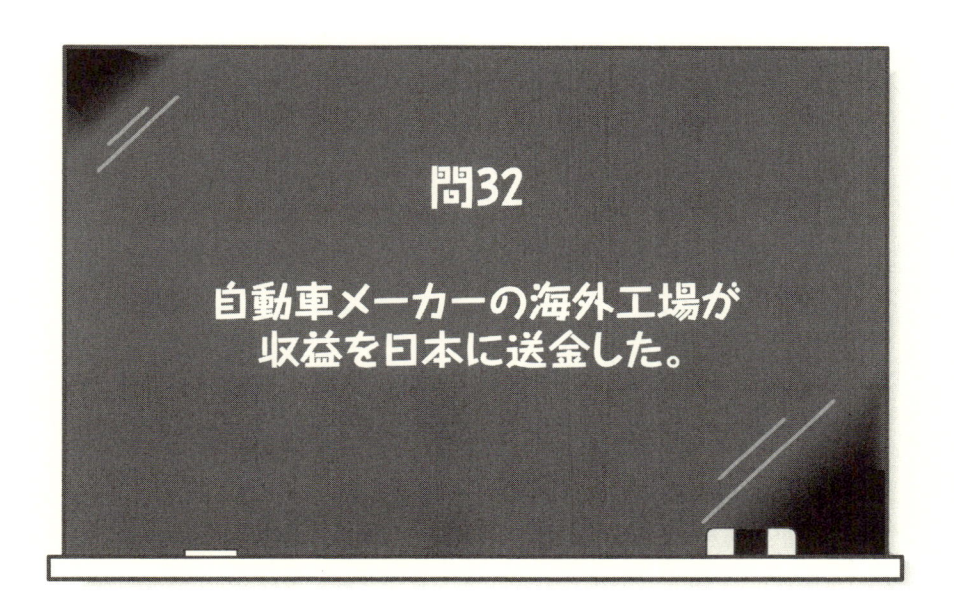

自動車メーカーの海外工場が
収益を日本に送金した。

MEMO

【解答と解説32】

投資収支です。工場からの収益に限らず、ほかのビジネス、不動産投資、証券投資などからの収益を送金すればドル売り円買いが出ます。実需に匹敵する売り切り買い切りですので、グラフでの期間のゾーンは赤。パワー的には外為市場に与える量的なインパクトは低く1となります。この材料をもとにトレードを行うのは無理があるでしょう。

【まとめ】
材　料：投資収支
時間的：赤
量　的：1
戦　略：様子見
ひと言：パワー不足

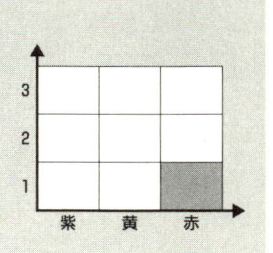

問33

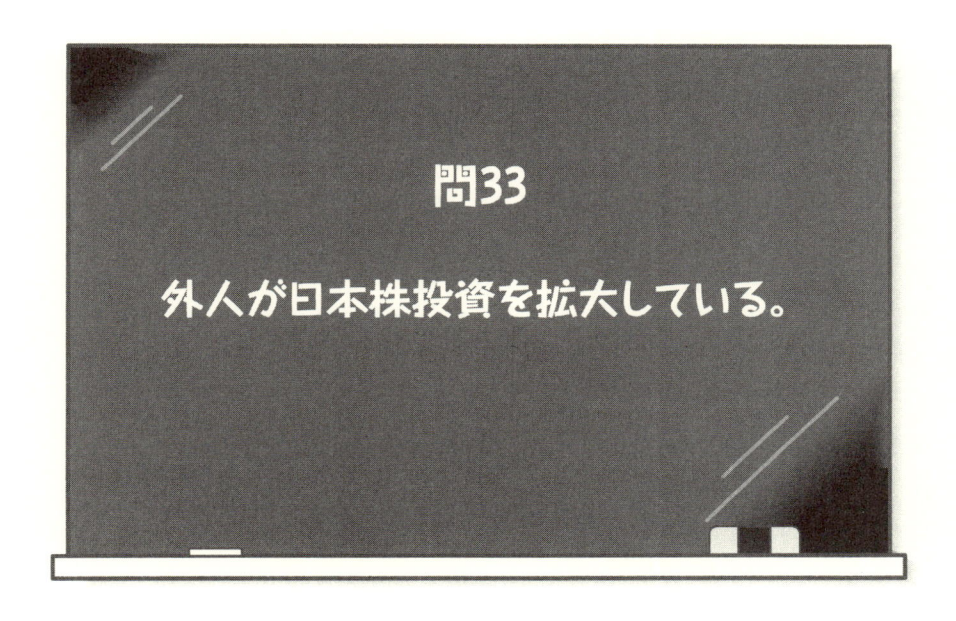

外人が日本株投資を拡大している。

MEMO

【解答と解説33】

　投資動向です。為替投機に比べ、株式や債券への証券投資は息の長いのが特徴です。とはいえ実需のように売り切り買い切りではありませんので、グラフ上では赤のゾーンまではいけません。年金資金の運用でも黄色、あるいは短期的な売買である紫のゾーンでしょう。預かり資産の運用では資産を超えた額の運用はできませんので、量的にも限界のある2止まりです。

　モノを伴った実需が長期トレンドに関与するならば、証券投資動向は中期トレンドに関与するといえます。金額もそれなりに大きく、短期的な投機筋への影響も強いので、その動向には常に注意を払いたいものです。相場観を組み立てるのに役立ちます。

　日々のトレードにはオーダーが出たときに一緒に動くこと以外には使いにくい材料です。

【まとめ】
材　料：投資動向
時間的：黄。あるいは紫
量　的：2
戦　略：オーダーがわかれば一緒に動く
ひと言：短期から中期にわたって影響を与えるが、それだけでは使いにくい

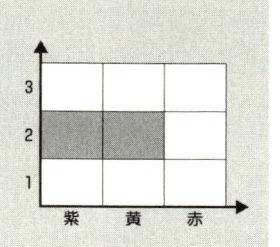

問34

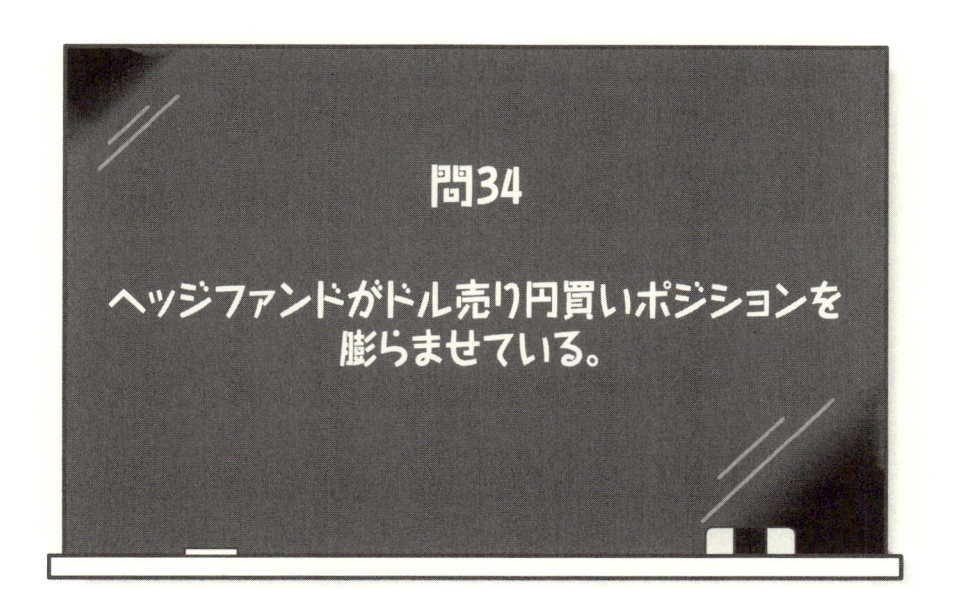

ヘッジファンドがドル売り円買いポジションを膨らませている。

MEMO

【解答と解説34】

　投資動向です。ヘッジファンドは信用創造が続く限りポジションを膨らませ続け、思い通りに動くまでは頑張るところもありますので、その動向が常に気になるところです。【ドリル編】の当初の説明にありますように、グラフ上での期間は紫から黄色。パワー的には典型的な3となります。

　すべてのヘッジファンドが同じ動きをするわけでも、儲けているわけでもないのですが、このような材料があるときは素直にドル売りに加わります。あとはさまざまな材料に個別に反応していくことになります。

【まとめ】
材　料：投資動向
時間的：紫から黄
量　的：3
戦　略：素直にドル売りに加わる
ひと言：パワーが強大

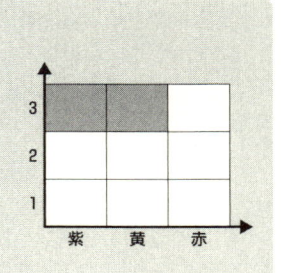

問35

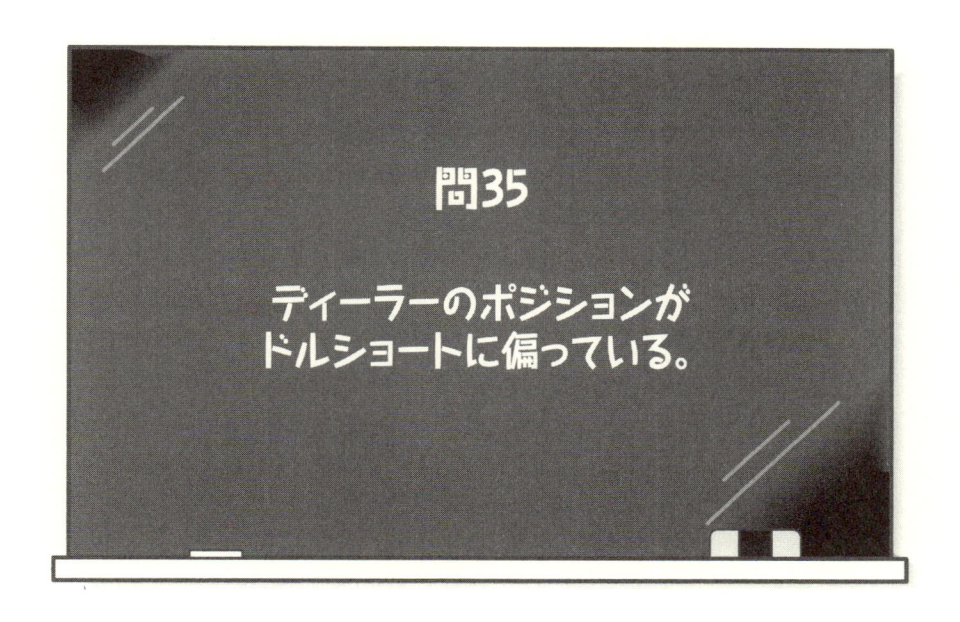

ディーラーのポジションが
ドルショートに偏っている。

MEMO

【解答と解説35】

　ディーラーのポジションの保有期間は短いので典型的な紫。しかし、短期的にせよ外為市場を動かせるだけのポジションを扱いますので、パワーは3となります。

　このような情報が入ってきたときはすでにレートが動いていることが多いと思います。日計りの連中も多いことから、時間とともに出てくるショートカバーを期待してドル買いで攻めます。その日の安値を更新する可能性が低いことから、損切りは安値の外側に若干余裕を持っておきます。利食いは他市場が入ってくるのを待ってからでもいいでしょう。

【まとめ】

材　料：ディーラー動向
時間的：紫
量　的：3
戦　略：ドル買い円売り
ひと言：パワーが強いので共に動ければいいが、情報を受ける立場では逆張りが正解。ポジションの保有期間が短いので必ず返しが入る

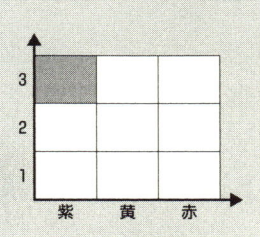

問36

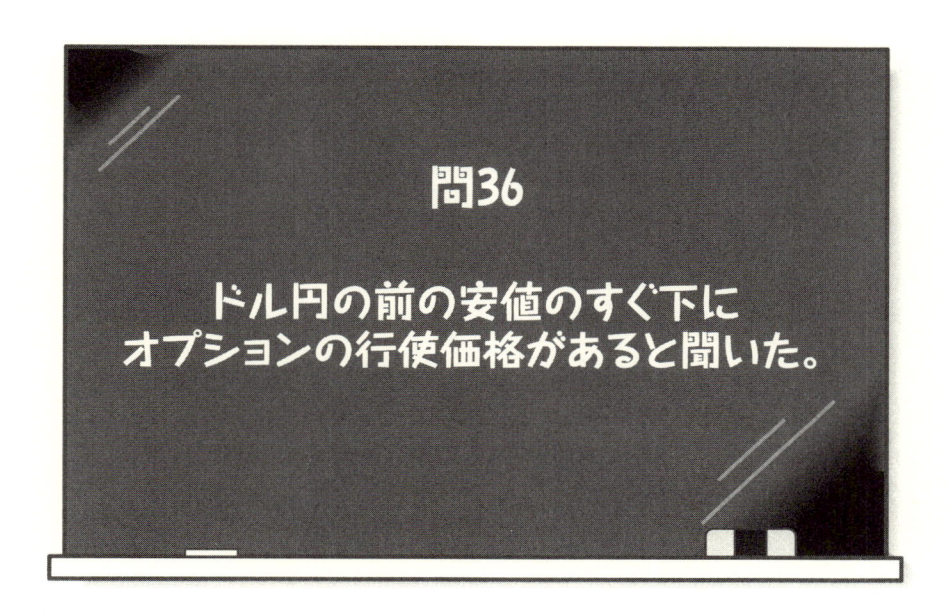

ドル円の前の安値のすぐ下に
オプションの行使価格があると聞いた。

MEMO

【解答と解説36】

　オプションを売るとプレミアムと呼ばれる収入が即座に手に入ることから、プレミアムを手にする取引を行ったり、あるいはそのプレミアムを金利商品などに乗せて高利回りにした商品を購入する人が多くいます。もちろんレートが行使価格にかかってしまったなら、そのレートでドル円を買わされたり、売らされたりします。ですから、行使価格は「そんなレートはまずつかないだろう」と思われるところに集中する傾向があります。

　しかし、レートがつかないと思われていたレベルに近づいてくると、市場ではあの辺りには大きなオプションの行使価格があるとうわさされるようになります。そしてそのレベルがつくと、相当量のロングやショートを持たされる人が出てくることから、行使価格をめぐっての攻防が行われることになるのです。

　そのレートが期日までにつかなければポジションが発生しないという極めて投機的なポジションですから、相場に与える影響も短期的です。持たされた場合のポジションによる影響をも考えて、紫から黄色にかかるゾーンです。大量のオプションが絡んでいることも多いので、パワー的には3から2です。

　そういううわさが流れると、ディーラーはそのレートをつけたくなります。したがって、前の安値のすぐ下にあるのなら、まずはドル円を売って下値を試すのです。行使価格に届かなければ大量のショートカバーが入りますので、ドテンの倍返し。ついてしまっても案外動かないことも多く、とりあえずいったん利食って次の展開を待ちます。

【まとめ】

材　料：ディーラー動向
時間的：紫
量　的：3
戦　略：行使価格を責める
ひと言：ディーラーとはそういうもの

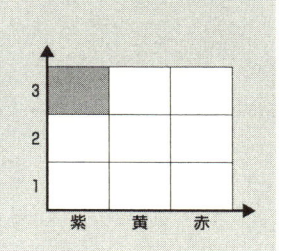

問37

シカゴのポジションが
円ロングに偏っている。

MEMO

【解答と解説37】

　シカゴの通貨先物市場の動向です。ここでの取引の大半はごく短期で行われています。翌日以降に持ち越すポジションはヘッジファンドに近い動きをするようです。グラフ上では量的にはそれなりに大きいがごく短期である紫の2から、一部を翌日以降に持ち越し数カ月間でもホールドする黄色の1と考えます。実際のトレードの参考になるというより、相場観を組み立てるのに役立つ材料です。

　この場合、ポジションが膨らみつつあるうちは行動をともにします。縮みはじめたならドル円の戻しを狙いにいきます。

【まとめ】
材　料：先物市場
時間的：紫から黄
量　的：2から1
戦　略：膨らみつつある時は一緒に円買いドル売り。
　　　　縮みはじめたならいちはやくカバー
ひと言：相場のセンチメントをよく反映

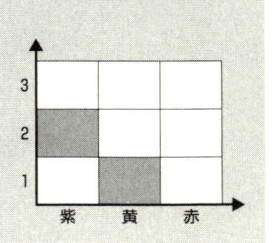

以上、外為市場の材料を分析し、相場における影響力と対応パターンとを述べてきました。この対応パターンはひとつのアイデアにすぎないとはいえ、多くの人の賛同を得られうる基本的なパターンだと思います。
　しかし、どの材料もそれぞれが単独で存在することはありません。たとえば、貿易収支、金利差と、ファンドやディーラーの動向、いえここに掲げたほとんどの事柄はつねに重複して存在しています。したがって、これらをすべてマスターしたからといって、すぐに儲けられるようになるとはいえません。
　とはいえ、相場に向かうにあたってはこのような基本パターンをおさえておくと対応が速くなります。対応の速さはそれ自体が優れた武器となるのです。
　黄や赤の材料は新聞などからも知ることができますが、材料のもととなる貿易収支などの経済指標数値は以下のウェブページが見やすくまとめてくれています。

◆北辰統計サイト
http://info.hokushinshohin.co.jp/DATA/toukei/toukei.htm#j

◆トレーダーズ・ウェブ
http://www.traders.co.jp/stocks_data/economic_data/kokunai/kokunai_this_w.asp

　問題集で解説した「戦略」に関しては、ドテンの逆バリが多いなどデイトレーダー向きの解説だと思われるかもしれません。お仕事などで時間的な制約があり、あまり頻繁に売り買いできないとお考

えの方は黄や赤の材料でじっくり取り組んでください。あるいは、支持線の内側で買い、抵抗戦の内側で売る（またはその逆）など、テクニカルに動かれることもお奨めします

　本署の解説に納得のいかない場合は繰り返し読んで理解を深めてください。それでも納得のいかない場合は、自分なりの対応策を見つけたのと同じですから、相場力がついてきた証です。頑張りましょう。

あとがき

　このドリルのアイデアは、パンローリングの後藤康徳社長と別件でお会いしていたときに出てきました。用件が終わって雑談している時に、後藤社長は「同じことを違う角度から、何度も説明している本が売れている。漢字なども小学生で習ったものしか使っていない」と教えてくれました。

　これまでの私の著書は、どれもが詰め込みすぎているとの評判でした。『実践・生き残りのディーリング』にいたっては、それを元ネタ本に１０冊は書けると言った人もいました。内容が充実しているととらえれば、誉め言葉ともなりますが、実際にはどれも言葉足らず説明不足となり、わかりにくい本となっていました。厳しくとらえれば、多分にひとりよがりでした。

　それならば、私のこれまでの本のメインテーマとなっていた「価格変動の本質」を徹底的に説明すればどうだろうかと考えました。わかる人ならわかるだろうという本ではなく、読んだ人にはすべてわかっていただけるような本です。たまたま、昨年度の決算の後で税理士さんと今年度のビジネスプランの１つとしてお話したところ、それでは問題集のように自分でも考えることができるものがいいと言われました。

　先日の新聞では、９割の人が間違って使っている言葉というのを

取り上げていました。9割もの人が間違っているのなら、正しく使ってもほとんどの人には正しくは伝わらないということです。かといって正しい意味を知っているのに、あえて間違った用法を使うこともできません。コミュニケーションとはなかなか難しいものだと痛感しました。私がこれまで書いたものでも、私自身の間違いと読者の方々の間違いとで、まったく違う意味にとっている人たちがいるかと思うと恐ろしくもあります。

　とはいえ、努力する前にあきらめるわけにもいきませんので、本書を手にとってくれた方には、どなたにでもわかってもらえるものにすることを念頭において、本書の原稿を書き上げました。原稿を後藤社長のところに持ち込むと、編集者の磯崎公亜氏を紹介してくれました。磯崎氏にモデルの読者になっていただいて、言葉足らずのところ、説明不足のところを改めました。磯崎氏のアイデアで、解説にグラフだけでなく「まとめ」も付け加え、このようなものになりました。これで、より多くの人にわかってもらえる本になったのではと思っています。両氏をはじめ本書の出版にご協力いただいた方々に、この場を借りてお礼申しあげます。

　　　　　　　　　　　　　　　　　　　　　　　矢口　新

◇用語集◇

あ行

アービトラージ（Arbitrage）
裁定取引。市場間、銘柄間の価格差を利用して利益をあげようとする（割安を買い、割高を売る）経済行為。両者の価格差が縮小することをもくろむ。

IMF（International Monetary Fund）
国際通貨基金。第二次大戦後の国際通貨制度の安定を目指すブレトンウッズ協定に基づき、1945年12月に発足した国連の専門機関。加盟国は出資義務を負い、金・ドルを基軸とする固定相場制の下、為替取引を自由化し、国際収支が悪化した国は資金の融通を受けられるとされたが、1973年以降の変動相場制への移行に伴い、発展途上国への融資機関としての性格を強めている。日本は1952年に加盟。

アスク（Ask）
売値。売り呼び値。オファー。

インターバンク市場（Inter-Bank Market）
外為の銀行間取引が行われる場。対顧客市場に対する語で、外国為替相場の卸売市場に相当。主に中央銀行、市中銀行、ブローカー等によって構成される。

売り持ち
売っている状態。ショートポジション。

FFレート（Federal Fund Rate）
米国の銀行間市場の金利。政策金利として位置づけられる。フェドファンド金利。

FOMC（Federal Open Market Committee）
連邦公開市場委員会。米国の公定歩合やフェドファンド金利、預金準備率の変更や公開市場操作の決定などを行う。

FRB（Federal Reserve Board）
連邦準備制度理事会。米国の中央銀行。ニューヨーク連銀など12の地方連銀を傘下に持つ。

オーバーナイトローン（O/N Loan）
金融機関同士、ないし大手企業相手の翌日決済の貸借金。

オファー（Offer）
レート提示銀行の売り値。アスク。

オプション（Option）
特定の期日、または特定期間内に、契約対象物を売買する権利。その取引。

終値（Closing Rate）
取引時間終了時の価格。

か行

外貨準備高（Foreign Exchange Reserve）
国が保有する対外支払準備資産額。外貨売り市場介入の原資。

外国為替市場（Foreign Exchange Market）
外国為替取引を行う場。外貨を交換する中央市場。外為市場。

外国通貨建て
外貨で決済が行われるという意味。価値が外貨で表示されること。

買い持ち
買っている状態。ロングポジション。

カバー（cover）
自分の持ち高を精算する方向で外国為替の売買を行うこと。買ったポジションを売ること。売ったポジションを買うこと。スクエア（ゼロポジション）にする行為。

仮需
実際の需要を伴わない需給。手数料やキャピタルゲイン狙いの売買。投機。

カレンシー（Currency）
通貨のこと。

為替（Exchange）
手形や小切手によって貸借を決済する方法。離れた地域にいる債権者と債務者の間で貸借を決済する場合、遠隔地に現金を輸送する危険や不便を避けるために使われる。中世では「かわし」といい、銭のほか米などの納入・取引に利用された。現金の輸送をすることなしで債権債務を決済すること。外国為替は決済が国境を越える場合をいう。

為替ディーラー（Foreign Exchange Dealer）
銀行などで実際に外国為替取引を担当している人。

機関投資家（Institutional Investor）
生命保険、証券会社、投資信託、損害保険、信託銀行、銀行など、個人や企業から預かった資金を運用する企業投資家のこと。

キャピタルゲイン(Capital Gain)
売買益。安く買ったものを高く売る、あるいは高く売ったものを安く買い戻して得た利益。キャピタルロスは売買損。

金融緩和
景気刺激、デフレ、ディスインフレ対策として通貨の供給量を増やしたり、金利を下げたりすること。

金融引き締め
インフレ、景気過熱対策として通貨の供給量を絞ったり、金利を上げたりすること。インフレはコスト高につながり、景気が過熱すると反動が起きるので、景気拡大が持続するために行う。

金利裁定（Interest Arbitrage）
通貨間、金利商品間の金利差を利用して利益をあげようとする（割安を買い、割高を

売る）経済行為。

クォート（Quote）
銀行が建値を提示すること。建値。

口先介入（Verbal Intervention）
当局が実際に市場に資金を投入することなく、言葉だけで為替相場などの動きを変えようとすること。

クロスレート（Cross Rate）
対ドル以外の通貨取引レート。ポンド円レート、オージー（豪ドル）円レートなど。

さ行

債券の格付け
債券（発行政府、企業などの債務証券）の信用力をあらわす目安。トリプルA、ダブルA、シングルA、トリプルBまでが投資適格債で、以下はジャンク債と呼ばれる。

指値（Limit Order）
売買取引注文をするときに取引値段を指定すること、または指定した値段。

サポートライン（Support Line）
ある価格帯を越えて相場が下がりにくいとみられる場合にその価格水準を示すテクニカル用語。支持線。

GDP（Gross Domestic Product）
国内総生産。ある国が生み出した財（物）やサービスの総額。ＧＤＰは自国民によって海外で生み出された財などは含まない（外国人による国内での生産は含む）。ＧＮＰ（国民総生産：Gross National Product）はある国民が生み出した財やサービスの総額。自国民によって海外で生み出された財などを含む（外国人による国内での生産は含まない）。

市場介入（Intervention）
外国為替相場の動きを変える目的で、中央銀行が市場に参入すること。

実質金利（Real Interest Rate）
名目金利を物価上昇率で割り引いた金利。物価上昇率が名目金利を上回ると、実質金利はマイナスとなる。

実需
貿易や機関投資家などの資本取引に伴う外国為替の需給。スペキュレーション（投機）に対する語。

ショート（Short）
ショートポジション。売りポジションを保有している状態。

スクエア（Square）
売りと買いの持ち高がイーブン、つまりゼロの状態。

ストップロスオーダー（Stop Loss Order）
建玉につき、相場変動が自分にとって不利な方向に動いた場合にその損失を一定のレベルで抑えるために出しておく逆指値。

政策金利
日本の公定歩合やアメリカのフェドファンド金利など、私たちがお金を貸し借りする際に取り決める金利のおおもとの基準となる金利。

損切り（Loss-Cut）
損失の拡大を防ぐために、持っているポジションとは反対方向の取引を行うこと。

た行

デイ・オーダー（Day Order）
その発注日に限り有効なオーダー。

デイ・トレーディング（Day Trading）
日計り。その日のうちに売買を完結させ、損益を確定させる取引。

ディーリング（Dealing）
銀行や証券会社などが外国為替などを売買すること。

ディスカウント（Discount）
割引。先渡しレートが割引になること。ドル円の場合、ドルのディスカウントは円のプレミアム（先渡しレートが割増になる）を意味する。

テクニカル分析（Technical Analysis）
過去の価格の推移を分析し、将来の価格を予測する手法。

デリバティブ（Derivatives）
金融派生商品。先物、オプション、スワップ等の総称。

な行

日経リンク債
日経２２５先物がある行使価格（いまなら１万円以下、バブル全盛期には２万円台など）を下回ると日経２２５先物を買わされるオプション（プットオプション）を売ることにより得た収入（プレミアム）を、債券の金利に上乗せして利回りアップをはかった債券。通常、その時点ではつきそうもない行使価格が選ばれるが、バブル崩壊後は大量の日経リンク債が行使され（思わぬ買い持ちもちとなり）、日経225先物の売り圧力となった。

ネッテング（Netting）
外国為替取引などで債権債務の残高を差し引き、最終的にその正味を決済し、全体の決済額を減らす方法。差金決済。

ネットの円買い／ネットのドル買い
外為市場での円やドルの売り買いを相殺したあとの、差額の円買い／ドル買い。

は行

ビッド（Bid）
レート提示銀行の買値。買い呼び値。

ファンダメンダルズ分析（Fundamentals Analysis）
経済の基礎的条件のことで、経済成長、物価、国際収支、失業率など基礎的条件に基づく分析。

プライマリーディーラー（Primary Dealer）
米国債の発行市場（プライマリーマーケット）で入札に参加することを許された証券会社。

プレミアム（Premium）
(1) 割増。先渡しレートが割増になること。ドル円の場合、円のプレミアムはドルのディスカウント（先渡しレートが割引になる）を意味する。
(2) オプション料

ブローカー（Broker）
金融機関同士の取引の仲介をする会社、あるいはその会社の従業員。

ヘッジ（Hedge）
保険。ある取引から生じるリスクに対して、逆サイドのリスクを持つ取引を行うことによってリスクの回避をしようとする方法。

ヘッジファンド（Hedge Fund）
レバレッジを用いてハイリターンを目指している投信。

ヘッジマーケット（Hedge Market）
先物市場。

変動相場制（Floating Exchange Rate System）
通貨交換レートの決定を市場取引に任す制度。

ポジション（Position）
持ち高、保有高。

ボラティリティ（Volatility）
価格の振幅。予想変動率。

ま行

マネーサプライ(Money Supply)
通貨供給量。市場に流通している通貨の量。金融機関以外の民間部門が保有する現金通貨・要求払い預金・定期性預金などの残高。

マネーロンダリング（Money Laundering）
資金を複数の口座間で移し変えることにより資金の出所や預金者の実名を不透明にし、犯罪捜査や税金の追及から逃れようとする行為。資金洗浄。

や行

ＵＳトレジャリー
米国財務省証券。米国債。

ユーロ（Euro）
欧州統一通貨の呼称。

ら行

レジスタンスライン（Resistance Line）
ある価格帯を越えて相場が上がりにくいと見られる場合にその価格水準を示すテクニカル用語。抵抗線。

レバレッジ（Leverage）
てこの原理。信用を用い少ない資金で大きな取引を行うこと。投資した資金に対する損益の比率が大きくなる。ギアリング。

ロスカット（Loss-Cut）
保有しているポジションを反対売買することによって損失を確定すること。損切り。

ロング（Long）
ロングポジション。買いポジションを保有している状態。

■矢口　新（やぐちあらた）

1954年生まれ。豪州メルボルン大学卒。野村證券、ソロモン、ＵＢＳなど日米欧の金融機関で為替、債券のディーラー、機関投資家セールスとして、東京、ロンドン、ニューヨークの三大市場に務める。2002年5月、株式会社ディーラーズ・ウェブ創業。証券投資顧問業。著書：『実践 生き残りのディーリング』『なぜ株価は値上がるのか？』『矢口新の相場力アップドリル【為替編】』（以上パンローリング）、『株を極める！リスク管理・資金運用』（日本実業出版社）など多数。

http://www.geocities.com/dealers_web/
http://money.mag2.com/invest/tradesense/#
dealersweb@infoseek.jp

2004年10月23日	第1刷発行	
2005年 3月 3日	第2刷発行	
2006年 4月 2日	第3刷発行	
2007年 1月 3日	第4刷発行	
2007年 8月 3日	第5刷発行	
2021年 3月 1日	第6刷発行	

矢口新の相場力アップドリル【為替編】

著 者	矢口 新
発行者	後藤康徳
発行所	パンローリング株式会社
	〒160-0023 東京都新宿区西新宿7-9-18-6F
	TEL 03-5386-7391　FAX 03-5386-7393
	http://www.panrolling.com/
	E-mail　info@panrolling.com
組 版	株式会社ベイ・イースト・グラフィックス
印刷・製本	株式会社シナノ

ISBN978-4-7759-9012-4

落丁・乱丁本はお取り替えします。また、本書の全部、または一部を複写・複製・転訳載、および磁気・光記録媒体に入力することなどは、著作権法上の例外を除き禁じられています。

ⒸArata Yaguchi 2004　Printed in Japan

免責事項

この本で紹介している方法や技術、指標が利益を生む、あるいは損失につながることはない、と仮定してはなりません。過去の結果は必ずしも将来の結果を示したものではありません。この本の実例は教育的な目的のみで用いられるものであり、売買の注文を勧めるものではありません。

著者関連書籍

矢口新のトレードセンス養成ドリル Lesson1・2

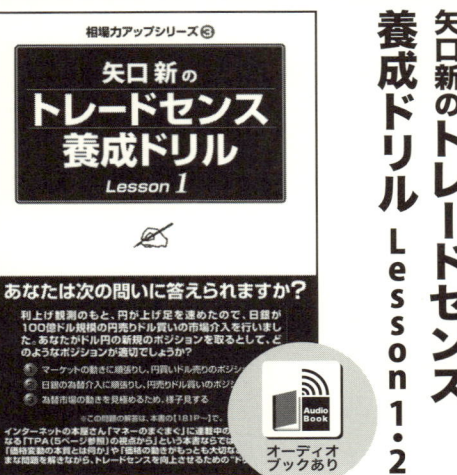

Lesson1 定価 本体1,500円+税　ISBN:9784775990643
Lesson2 定価 本体1,500円+税　ISBN:9784775990780

本書の使い方は必ずしも正解を導くことにあらず。なぜ"そういう正解"が考えられるのか。その経緯を味わってください。

矢口新の相場力アップドリル 為替編・株式編

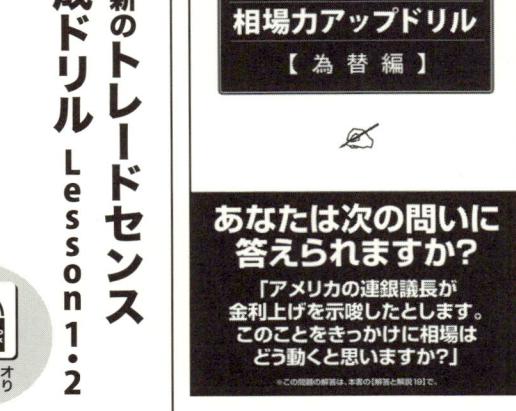

為替編 定価 本体1,500円+税　ISBN:9784775990124
株式編 定価 本体1,800円+税　ISBN:9784775990131

相場力がアップすると、自分に合った「相場つき」のときの儲けを大きくできるだけでなく、自分に合わない「相場つき」のときでも、なんとか凌げるようになる。

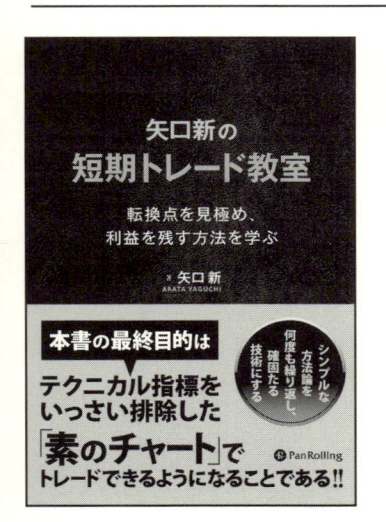

矢口新の短期トレード教室

定価 本体1,800円+税　ISBN：9784775991541

転換点を見極め、利益を残す方法を学ぶ。
本書の最終目的は、テクニカル指標はいっさい排除した、「素のチャート」で転換点を見極め、トレードしていくことである！

実践 生き残りのディーリング

定価 本体2,800円+税　ISBN：9784775990490

今回の『実践 生き残りのディーリング』は「株式についても具体的に言及してほしい」という多くの個人投資家たちの声が取り入れられた「最新版」。

ジャック・D・シュワッガー

現在、マサチューセッツ州にあるマーケット・ウィザーズ・ファンドとLLCの代表を務める。著書にはベストセラーとなった『マーケットの魔術師』『新マーケットの魔術師』『マーケットの魔術師[株式編]』（パンローリング）がある。
また、セミナーでの講演も精力的にこなしている。

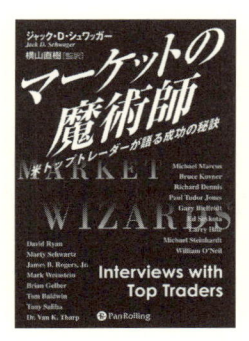

ウィザードブックシリーズ19
マーケットの魔術師

定価 本体2,800円+税　ISBN:9784939103407

トレード界の「ドリームチーム」が勢ぞろい

世界中から絶賛されたあの名著が新装版で復刊！　投資を極めたウィザードたちの珠玉のインタビュー集！ 今や伝説となった、リチャード・デニス、トム・ボールドウィン、マイケル・マーカス、ブルース・コフナー、ウィリアム・オニール、ポール・チューダー・ジョーンズ、エド・スィコータ、ジム・ロジャーズ、マーティン・シュワルツなど。

ウィザードブックシリーズ201
続マーケットの魔術師

定価 本体2,800円+税　ISBN:9784775971680

『マーケットの魔術師』シリーズ 10年ぶりの第4弾！

先端トレーディング技術と箴言が満載。「驚異の一貫性を誇る」これから伝説になる人、伝説になっている人のインタビュー集。マーケットの先達から学ぶべき重要な教訓を40にまとめ上げた。

ウィザードブックシリーズ13
新マーケットの魔術師

定価 本体2,800円+税　ISBN:9784939103346

知られざる"ソロス級トレーダー"たちが、率直に公開する成功へのノウハウとその秘訣

投資で成功するにはどうすればいいのかを中心に構成されている世界のトップ・トレーダーたちのインタビュー集。17人のスーパー・トレーダーたちが洞察に富んだ示唆で、あなたの投資の手助けをしてくれることであろう。

ベンジャミン・グレアム

1894/05/08 ロンドン生まれ。1914年アメリカ・コロンビア大学卒。ニューバーガー・ローブ社(ニューヨークの証券会社)に入社、1923-56年グレアム・ノーマン・コーポレーション社長、1956年以来カリフォルニア大学教授、ニューヨーク金融協会理事、証券アナリストセミナー評議員を歴任する。バリュー投資理論の考案者であり、おそらく過去最大の影響力を誇る投資家である。

ウィザードブックシリーズ 10
賢明なる投資家
割安株の見つけ方とバリュー投資を成功させる方法

電子書籍版あり　オーディオブックあり

定価 本体3,800円+税　ISBN:9784939103292

市場低迷の時期こそ、威力を発揮する「バリュー投資のバイブル」

ウォーレン・バフェットが師と仰ぎ、尊敬したベンジャミン・グレアムが残した「バリュー投資」の最高傑作! だれも気づいていない将来伸びる「魅力のない二流企業株」や「割安株」の見つけ方を伝授。

ウィザードブックシリーズ 87
新 賢明なる投資家 (上)・(下)

著者　ベンジャミン・グレアム／ジェイソン・ツバイク

電子書籍版あり

上巻	定価 本体3,800円+税	ISBN:9784775970492
下巻	定価 本体3,800円+税	ISBN:9784775970508

時代を超えたグレアムの英知が今、よみがえる!

古典的名著に新たな注解が加わり、グレアムの時代を超えた英知が今日の市場に再びよみがえった! 20世紀最大の投資アドバイザー、ベンジャミン・グレアムは世界中の人々に投資教育を施し、インスピレーションを与えてきた。こんな時代だからこそ、グレアムのバリュー投資の意義がある!

ウィザードブックシリーズ229

グレアム・バフェット流
投資のスクリーニングモデル

定価 本体3,800円+税　ISBN:9784775971963

企業の一時的な不調を見抜く5つの視点

人々から見落とされ、株価が52週安値近くに落ち込んだ会社の中には、挫折を乗り越え好リターンを期待できる優良企業が存在する。見抜く5つのポイントとは？
企業の一時的な不調で株価低迷しているのか安値圏に好機を見いだせ！

ウィザードブックシリーズ233

完全なる投資家の頭の中
マンガーとバフェットの議事録

定価 本体2,000円+税　ISBN:9784775972021

グレアム式バリュー投資家マンガーのすべて

読書家で倹約家、バフェットの経営を支える相棒として、優れた投資家として、ちょっと辛口だけど核心を突くマンガー語録がつまった一冊。経済、ビジネス、心理学、経営学に通じる洞察力を学べる。

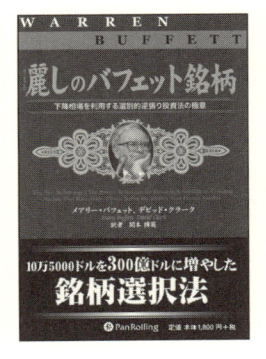

ウィザードブックシリーズ116

麗しのバフェット銘柄

定価 本体1,800円+税　ISBN:9784775970829

投資家ナンバー1になったバフェットの芸術的な選別的逆張り投資法とは

ビル・ゲイツと並ぶ世界的な株長者となったバフェットの選別的な逆張り投資法とは、下降相場を徹底的に利用したバリュー投資であり、本書ではそれを具体的に詳しく解説。

バフェットが執筆する「株主への手紙」を収録

バフェットからの手紙 第5版

世界一の投資家が見た これから伸びる会社、滅びる会社

The Essays of Warren Buffett: Lessons for Corporate America, Fifth Edition

ローレンス・A・カニンガム　Lawrence A. Cunningham

長岡半太郎[監修]　増沢浩一、藤原康史、井田京子[訳]

- 日米で超ロングセラー！
- バークシャーの全歴史がわかる！
- バフェットが最も多くサインした本！

Pan Rolling

「カニンガムは私たちの哲学を体系化するという素晴らしい仕事を成し遂げてくれた」——ウォーレン・バフェット

「とても実用的な書だ」——チャーリー・マンガー
「バリュー投資の古典であり、バフェットを知るための究極の1冊」——フィナンシャル・タイムズ
「このバフェットに関する書は素晴らしい」——フォーブス

ローレンス・A・カニンガム 著

定価 本体2,200円+税　ISBN:9784775972786

マーク・ダグラス

シカゴのトレーダー育成機関であるトレーディング・ビヘイビアー・ダイナミクス社の社長を務める。商品取引のブローカーでもあったダグラスは、自らの苦いトレード経験と多数のトレーダーの間接的な経験を踏まえて、トレードで成功できない原因とその克服策を提示している。最近では大手商品取引会社やブローカー向けに、本書で分析されたテーマやトレード手法に関するセミナーや勉強会を数多く主催している。

ウィザードブックシリーズ32
ゾーン 勝つ相場心理学入門

定価 本体2,800円+税　ISBN:9784939103575

「ゾーン」に達した者が勝つ投資家になる!

恐怖心ゼロ、悩みゼロで、結果は気にせず、淡々と直感的に行動し、反応し、ただその瞬間に「するだけ」の境地…すなわちそれが「ゾーン」である。
「ゾーン」へたどり着く方法とは?
約20年間にわたって、多くのトレーダーたちが自信、規律、そして一貫性を習得するために、必要で、勝つ姿勢を教授し、育成支援してきた著者が究極の相場心理を伝授する!

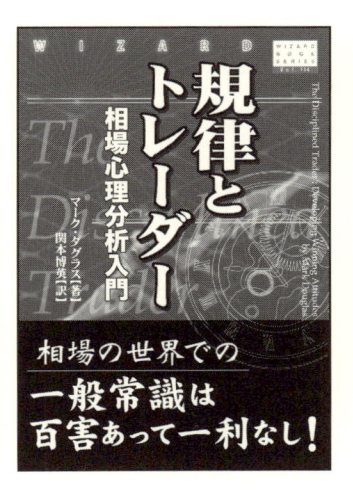

ウィザードブックシリーズ114
規律とトレーダー 相場心理分析入門

定価 本体2,800円+税　ISBN:9784775970805

トレーディングは心の問題であると悟った投資家・トレーダーたち、必携の書籍!

相場の世界での一般常識は百害あって一利なし!
常識を捨てろ!手法や戦略よりも規律と心を磨け!
本書を読めば、マーケットのあらゆる局面と利益機会に対応できる正しい心構えを学ぶことができる。

マーク・ダグラスの遺言と
トレーダーで成功する秘訣
トレード心理学の大家の集大成！

ゾーン 最終章

四六判 558頁　**マーク・ダグラス，ポーラ・T・ウエッブ**
定価 本体2,800円+税　ISBN 9784775972168

　1980年代、トレード心理学は未知の分野であった。創始者の一人であるマーク・ダグラスは当時から、今日ではよく知られているこの分野に多くのトレーダーを導いてきた。

　彼が得意なのはトレードの本質を明らかにすることであり、本書でもその本領を遺憾なく発揮している。そのために、値動きや建玉を実用的に定義しているだけではない。市場が実際にどういう働きをしていて、それはなぜなのかについて、一般に信じられている考えの多くを退けてもいる。どれだけの人が、自分の反対側にもトレードをしている生身の人間がいると意識しているだろうか。また、トレードはコンピューター「ゲーム」にすぎないと誤解している人がどれだけいるだろうか。

　読者はトレード心理学の大家の一人による本書によって、ようやく理解するだろう。相場を絶えず動かし変動させるものは何なのかを。また、マーケットは世界中でトレードをしているすべての人の純粋なエネルギー ── 彼らがマウスをクリックするたびに発するエネルギーや信念 ── でいかに支えられているかを。本書を読めば、着実に利益を増やしていくために何をすべきか、どういう考え方をすべきかについて、すべての人の迷いを消し去ってくれるだろう。

ウィリアム・J・オニール

証券投資で得た利益によって30歳でニューヨーク証券取引所の会員権を取得し、投資調査会社ウィリアム・オニール・アンド・カンパニーを設立。顧客には世界の大手機関投資家で資金運用を担当する600人が名を連ねる。保有資産が2億ドルを超えるニューUSAミューチュアルファンドを創設したほか、『インベスターズ・ビジネス・デイリー』の創立者でもある。

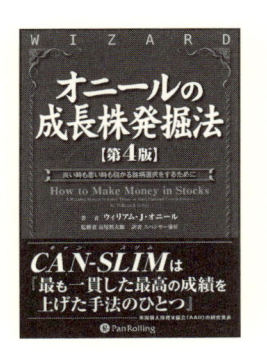

ウィザードブックシリーズ179
オニールの成長株発掘法【第4版】
定価 本体3,800円+税　ISBN:9784775971468

大暴落をいち早く見分ける方法
アメリカ屈指の投資家がやさしく解説した大化け銘柄発掘法！投資する銘柄を決定する場合、大きく分けて2種類のタイプがある。世界一の投資家、資産家であるウォーレン・バフェットが実践する「バリュー投資」と、このオニールの「成長株投資」だ。

ウィザードブックシリーズ71
オニールの相場師養成講座
定価 本体2,800円+税　ISBN:9784775970577

キャンスリム（CAN-SLIM）は一番優れた運用法だ
何を買えばいいか、いつ売ればいいか、ウォール街ではどうすれば勝てるかを知っているオニールが自立した投資家たちがどうすれば市場に逆らわず、市場に沿って行動し、感情・恐怖・強欲心に従うのではなく、地に足の着いた経験に裏付けられたルールに従って利益を増やすことができるかを説明。

ウィザードブックシリーズ93
オニールの空売り練習帖
定価 本体2,800円+税　ISBN:9784775970577

正しい側にいなければ、儲けることはできない。空売りのポジションをとるには本当の知識、市場でのノウハウ、そして大きな勇気が必要である。

ウィザードブックシリーズ198
株式売買スクール
定価 本体3,800円+税　ISBN:9784775971659

株式市場の参加者の90％は事前の準備を怠っている。オニールのシステムをより完璧に近づけるために、大化け株の特徴の有効性を確認。

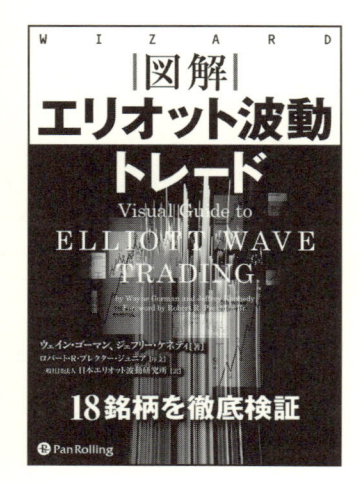

ウィザードブックシリーズ 271

図解
エリオット波動トレード

ウェイン・ゴーマン、ジェフリー・ケネディ【著】

定価 本体2,800円+税　ISBN:9784775972410

掲載チャート数250！ トレードの実例を詳述。

本書は、波動パターンを表す実際のチャートを多数収録することで、トレードを分かりやすく解説している。著者のウェイン・ゴーマンとジェフリー・ケネディは、エリオット・ウエーブ・インターナショナル（EWI）のアナリスト。彼らが分析した18銘柄の事例を挙げ、波動原理を使ってトレード機会を探し、エントリーし、プロテクティブストップを上下させながらリスク管理をして、最後にエグジットするという一連の手順について詳細に伝えている。また、エリオット波動を用いたオプション戦略といったレベルの高いテクニカル分析、およびトレード手法にも言及している。プレクター&フロストのロングセラー『エリオット波動入門』（パンローリング）とトレードの現場を見事に融合させたユニークな実践書。あなたの取引スタイルが保守的であろうと積極的であろうと、本書のチャートとテクニックは信憑性の高いトレード機会を特定するのに役立つはずだ。

あなたのトレード判断能力を大幅に鍛える
エリオット波動研究

一般社団法人日本エリオット波動研究所【著】

定価 本体2,800円+税　ISBN:9784775991527

基礎からトレード戦略まで網羅したエリオット波動の教科書

エリオット波動理論を学ぶことで得られるのは、「今の株価が波動のどの位置にいるのか（上昇波動や下落波動の序盤か中盤か終盤か）」「今後どちらの方向に動くのか（上昇か下落か）」「どの地点まで動くのか（上昇や下落の目標）」という問題に対する判断能力です。

エリオット波動理論によって、これまでの株価の動きを分析し、さらに今後の株価の進路のメインシナリオとサブシナリオを描くことで、それらに基づいた「効率良いリスク管理に優れたトレード戦略」を探ることができます。そのためにも、まずは本書でエリオット波動の基本をしっかり理解して習得してください。

ウィザードブックシリーズ257

マーケットのテクニカル分析
トレード手法と売買指標の完全総合ガイド

ジョン・J・マーフィー【著】

定価 本体5,800円+税　ISBN:9784775972267

世界的権威が著したテクニカル分析の決定版!

1980年代後半に世に出された『テクニカル・アナリシス・オブ・ザ・フューチャーズ・マーケット(Technical Analysis of the Futures Markets)』は大反響を呼んだ。そして、先物市場のテクニカル分析の考え方とその応用を記した前著は瞬く間に古典となり、今日ではテクニカル分析の「バイブル」とみなされている。そのベストセラーの古典的名著の内容を全面改定し、増補・更新したのが本書である。本書は各要点を分かりやすくするために400もの生きたチャートを付け、解説をより明快にしている。本書を読むことで、チャートの基本的な初級から上級までの応用から最新のコンピューター技術と分析システムの最前線までを一気に知ることができるだろう。

ウィザードブックシリーズ194

利食いと損切りのテクニック
トレード心理学とリスク管理を融合した実践的手法

アレキサンダー・エルダー【著】

定価 本体3,800円+税　ISBN:9784775971628

自分の「売り時」を知る、それが本当のプロだ!

本書は、「売りの世界」について、深く掘り下げており、さまざまなアイデアを提供してくれる。しかも、2007~2009年の"超"弱気相場での具体的なトレード例が満載されており、そこからも多くの貴重な教訓が得られるはずだ。さらに、内容の理解度をチェックするため、全115問の確認テストと詳細な解説も収められている。本書をじっくり読み、売る技術の重要性とすばらしさを認識し、トレードの世界を極めてほしい。

ＦＸ関連書籍

簡単サインで「安全地帯」を狙うＦＸデイトレード
著者：齊藤トモラニ

定価 本体2,000円＋税　ISBN:9784775991268

ＦＸコーチが教えるフォロートレード
簡単サインで押し目買い＆戻り売りの絶好ポイントを探せ！

17時からはじめる東京時間半値トレード
著者：アンディ

定価 本体2,800円＋税　ISBN:9784775991169

予測が当たっても儲からないことはある。予測以上に考えなければならないのは「どうポジションを作るのか」です。「半値」に注目した、シンプルで、かつ論理的な手法をあますことなく紹介！

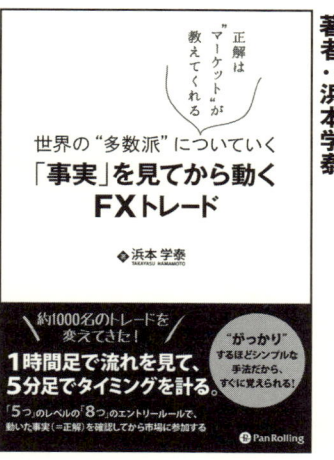

世界の"多数派"についていく「事実」を見てから動くＦＸトレード
著者：浜本学泰

定価 本体2,000円＋税　ISBN:9784775991350

～正解は"マーケット"が教えてくれる～
"がっかり"するほどシンプルな手法だから、すぐに覚えられる！

「〇pipsを狙うなら、どのルールが良いのか」を徹底検証！出口から考えるＦＸ
著者：角田和将

定価 本体2,800円＋税　ISBN:9784775991640

最小限の検証時間で勝ちトレードを最大限に増やすための実験レポート

ＦＸ関連書籍

ＦＸで勝つための資金管理の技術
著者：伊藤彰洋　鹿子木健

定価 本体1,800円＋税　ISBN:9784775991701

「聖杯」のような絶対に勝てる手法はこの世に存在しませんが、あえて言うなら資金管理こそ聖杯です。この機会に、資金管理という技術を究めてはいかがでしょうか？

ＦＸで成功するための「勝ちパターン」理論
著者：鹿子木健　伊藤彰洋

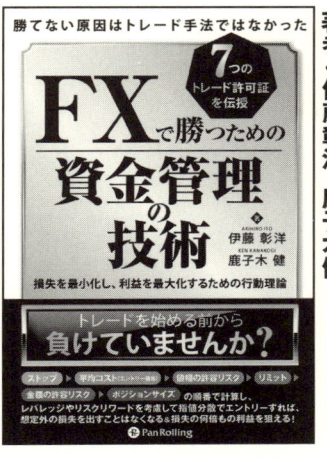

定価 本体1,800円＋税　ISBN:9784775991749

勝てない原因はトレード手法ではなかった。ボリンジャーバンドを使った、すぐに真似できる2つのトレード奥義を伝授。

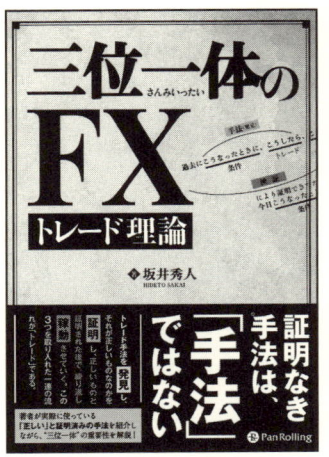

三位一体のＦＸトレード理論
著者：坂井秀人

定価 本体1,800円＋税　ISBN:9784775991534

手法の発見、手法の証明、手法の稼働。この3つの一連の作業がトレードである。あなたが「発見」し、「稼働」させている手法は、正しいと「証明」されているか？

ＦＸトレード会社設立運営のノウハウ 改訂版
著者：柴崎照久

定価 本体2,800円＋税　ISBN:9784775991381

勝ち残るトレーダーは利益を得る能力に優れているだけでなく「利益を残す知恵」にも長けている。復興特別税などの情報を更新した改訂版。

投資(トレード)のやり方はひとつではない。
"百人百色"のやり方がある！

凄腕の投資家たちが赤裸々に語ってくれた、投資のやり方や考え方とはいかに……。

好評発売中

本書では、100人の投資家(トレーダー)が教えてくれた、トレードアイデアを紹介しています。
みなさんの投資(トレード)にお役立てください!!

百人百色の投資法

シリーズ全5巻

投資家100人が教えてくれたトレードアイデア集　JACK 著　各定価：本体 1,200円+税